How-nual
図解入門
ビジネス

Shuwasystem Business Guide Book

製造現場の
見える化の
基本と実践が
よ～くわかる本

現場改善のための実践プログラム

［第2版］

石川 秀人 著

秀和システム

改訂にあたって

　本書は、2009年10月に発行された「製造現場の見える化の基本と実践がよ〜くわかる本」を、約10年ぶりに改訂したものです。

　前書発刊以来、「見える化」をテーマにしたコンサルティング、研修、公開セミナーなどの依頼を数多く受け、その都度本書をベースとしたテキストを修正して参りました。

　これらの蓄積されたノウハウを研修テキストだけで埋まらせるのは惜しく、

　①モノ
　②4M
　③QCDS
　④情報
　⑤日常管理
　⑥方向性・思い
　⑦全体・経営

という7つの視点は変えずに内容を一新し、さらに充実させました。

　ぜひ、改訂された本書で、新しい気づきを発見して頂ければ幸いです。

はじめに

　人間の感覚について、古代ギリシャのアリストテレスは、視覚（目で見る）、聴覚（耳で聞く）、味覚（舌で味わう）、嗅覚（鼻で嗅ぐ）、触覚（皮膚で感じる）という五感を分類しました。

　そのうちの視覚とは、可視光などの光情報をもとに外界の構造を推定する働きのことで、外界にある物体の色・形などについての情報、物体のカテゴリーについての情報、物体の位置関係のような外界の空間的な情報などを推定する感覚のことを指します。

　視覚は一般に「見る」という漢字で書かれますが、そこにはどのような意味があるのでしょうか（大辞林より）。

（1）　視覚によって、物の形・色・様子などを知覚する。「建物を正面から〈みる〉」

（2）　風景などを、そこへ出かけていって楽しむ（「観る」とも書く）。見物する。「桜を〈み〉に行く」

（3）　芝居や映画、スポーツの試合などを鑑賞する（「観る」とも書く）。「歌舞伎を〈み〉る」

（4）　文字・図などによって表されている内容を理解する。「朝刊を〈み〉る」

（5）　存在を確認する。認める。ある。「みられる」の形で用いることが多い。「まれに〈みる〉秀才」

（6）　判断を下すために、物事の状態などを調べる。「雲を〈みる〉」

（7）　（ア）判断する。評価する。「世間を甘く〈みる〉」

　　　（イ）医者が体の様子を調べ、健康状態を判断する（「診る」とも書く）。診断する。「患者を〈みる〉」

　　　（ウ）占う。「手相を〈みる〉」

(エ) 鑑定する。「彼が〈み〉て一休の書というのだから確かだろう」

(オ) その立場に立って判断することを表す（「…からみて」などの形で）。「私から〈みる〉とどっちもどっちだ」

(カ) ある限られた範囲を対象として結果・結論を導く（「…にみる」の形で）。「流行歌に〈みる〉世相」

(8) 悪い事態にならないよう、気を配って世話をする（「看る」とも書く）。「入院中の親の面倒を〈みる〉」

(9) 責任をもって指導・助言をする。「息子の勉強を〈み〉てもらう」

(10) 好ましくないことを身に受ける。経験する。「失敗の憂き目を〈みる〉」

(11) 動作・作用が実現する。「完成を〈みる〉」

(12) 会う。特に、異性と会う。また、男女の交わりをする。「今は〈み〉きとなかけそ／源氏（帚木）」

(13) 夫婦として暮らす。「さやうならむ人をこそ〈み〉め／源氏（桐壺）」見て見ぬ振り

など「見る」には様々な意味があり、「観る」（見物）、「診る」（診察）、「看る」（世話）、「視る」（調査）とも書くことができます。

　また、英語でも、look（見る）、watch（注意して見る）、see（見る、調べる、分かる）、eye（じろじろ見る）、stare（見つめる、にらむ）などの表現があります。

　それでは、人間ではなく貴社ではどのような「見る」ことをお求めでしょうか。またそれが見えることにより何をされたいのでしょうか。本書では、製造現場における「見える化」について考えていきます。

2020年2月

石川秀人

図解入門ビジネス
製造現場の見える化の 基本と実践がよ〜くわかる本 [第2版]
CONTENTS

改訂にあたって ……………………………… 2

はじめに ……………………………………… 3

第1章 見える化の意義

1-1　結果をつくるマネジメント ……………………… 12

1-2　行動を管理する ………………………………… 16

1-3　見える化のねらい ……………………………… 18

1-4　見える化の役割 ………………………………… 22

1-5　7つの視点からの見える化 …………………… 24

コラム　モノづくりは、人づくり ………………………… 26

第2章 モノを見える化する

2-1　モノが見えないことによる罪悪 ……………… 28

2-2　5Sでモノを見える化する ……………………… 30

2-3　整理のポイント ………………………………… 32

2-4　整理推進のツール ……………………………… 34

2-5　整頓のポイント ………………………………… 36

2-6　整頓推進のツール ……………………………… 38

2-7 清掃のポイント …………………………………………… 40

2-8 清掃推進のツール ………………………………………… 42

2-9 清潔のポイント …………………………………………… 44

2-10 清潔推進のツール ………………………………………… 46

2-11 躾のポイント ……………………………………………… 48

2-12 躾推進のツール …………………………………………… 50

2-13 見える化と5S …………………………………………… 52

コラム 5Sで改善のイロハを習得する ……………………………… 54

第3章 4Mを見える化する

3-1 4Mが見えないことの罪悪 ……………………………… 56

Man

3-2 人の見える化と改善 ……………………………………… 58

3-3 ワークサンプリングにて動作のムダを見える化する … 60

3-4 時間観測にて動作のムダを見える化する ……………… 64

3-5 ビデオ撮影による動作分析……………………………… 66

3-6 人と機械の動きの組合せを見える化する ……………… 68

3-7 人の動きと機械配置を見える化する …………………… 70

3-8 一人工の仕事を見える化する…………………………… 72

3-9 大部屋化する ……………………………………………… 74

3-10 人員とスキルを見える化する …………………………… 76

3-11 人の生産性を見える化する……………………………… 78

Machine

3-12 機械・設備の見える化と改善…………………………… 80

3-13 設備状況を見える化する ………………………………… 82

3-14　自主保全でロス削減　……………………………………　86

3-15　工程能力を見える化する………………………………　90

3-16　設備の生産性を見える化する………………………　94

Method

3-17　やり方・方法の見える化と改善…………………………　96

3-18　標準作業の見える化　………………………………　98

3-19　やり方・手順・方法の標準化………………………100

3-20　標準通りにできるように指導する……………………104

3-21　つくるスピードの標準化………………………………106

3-22　つくるスピードの生産性を見える化する……………110

Material

3-23　原材料・購入品・資材の見える化と改善……………112

3-24　在庫管理を見える化する………………………………114

3-25　発注管理を見える化する………………………………116

コラム　現場改善の際の抵抗　……………………………118

第4章　QCDSを見える化する

Quality

4-1　不適合品を見える化する　………………………………120

4-2　良否を見える化する　…………………………………122

4-3　品質は工程でつくり込む………………………………124

4-4　源流で原因対策する　…………………………………128

4-5　流出対策で品質を保証する　…………………………132

4-6　ロット保証で不良を流出させない……………………134

4-7　品質記録を見える化し対策する………………………136

Cost

4-8　原価を見える化する　　　………………………………140

4-9　原価を管理する　………………………………………142

4-10　原価の維持・統制・低減　………………………………146

4-11　原価計算　………………………………………………148

4-12　原価改善の着眼点を見える化する……………………150

Delivery

4-13　設計納期を管理する　　………………………………154

4-14　製造納期を管理する　　………………………………158

4-15　入出荷納期を管理する　………………………………162

Safety

4-16　災害防止を見える化する………………………………164

4-17　安全第一　………………………………………………168

4-18　機械類の安全性を見える化する………………………170

4-19　労働衛生を見える化する………………………………174

コラム　サプライヤーの見える化………………………………176

第5章　情報を見える化する

5-1　今日の仕事を見える化する………………………………178

5-2　進捗・出来高を見える化する……………………………180

5-3　図面・仕様書など紙媒体情報を見える化する…………182

5-4　電子媒体情報を見える化する……………………………184

5-5　設計情報を管理する　……………………………………186

5-6　生産情報を見える化する　………………………………188

コラム　ダイエットにおける見える化…………………………190

第6章 日常管理を見える化する

6-1 方針管理と日常管理 ……………………………………192

6-2 標準・基準・ルールを決めて、見せる化する ………194

6-3 ルールが守れない要因を洗い出し対策する …………196

6-4 異常を見える化する ……………………………………200

6-5 各種日常管理項目を管理板で見える化する …………202

6-6 日常管理における変更管理……………………………204

コラム 日常管理の目的は？………………………………206

第7章 方向性および思いを見える化する

7-1 あるべき姿とありたい姿を見える化する ……………208

7-2 目的・方針・目標を見える化する ……………………210

7-3 活動を見える化する ……………………………………212

7-4 気づきや知恵を見える化する…………………………214

7-5 改善をレベルアップしていく …………………………216

コラム 海外でのKAIZEN活動 …………………………218

第8章 全体および経営を見える化する

8-1 工場を見える化する ……………………………………220

8-2 工場全体を鳥瞰する ……………………………………222

8-3 全体を見える化する ……………………………………224

8-4 つくる側の論理からの脱却……………………………226

8-5　整流化改善でリードタイムを短縮する ……………………228

8-6　経営を見える化する　……………………………………230

8-7　見える化で会社は変わる…………………………………232

コラム　改革が成功しないのは……　…………………………234

特別編　見える化度が企業のレベルを表す

見える化診断100 ………………………………………………236

コラム　悪さを見せる …………………………………………240

索引 ………………………………………………………………241

おわりに　………………………………………………………249

●注意

(1) 本書は著者が独自に調査した結果を出版したものです。

(2) 本書は内容について万全を期して作成いたしましたが、万一、ご不審な点や誤り、記載漏れなどお気付きの点がありましたら、出版元まで書面にてご連絡ください。

(3) 本書の内容に関して運用した結果の影響については、上記(2)項にかかわらず責任を負いかねます。あらかじめご了承ください。

(4) 本書の全部または一部について、出版元から文書による承諾を得ずに複製することは禁じられています。

(5) 本書に記載されているホームページのアドレスなどは、予告なく変更されることがあります。

(6) 商標
　本書に記載されている会社名、商品名などは一般に各社の商標または登録商標です。

第 1 章

見える化の意義

製造現場において、様々なものやことが見えないことにより、ムリ・ムラ・ムダを発生させ、計画通りに事が進まない、生産高が上がらない、納期に間に合わない、利益が出ない、顧客に迷惑をかける、従業員が辞めてしまうなど様々な問題が生まれます。

そこで、本章では、製造現場における意義、ねらい、役割等を解説いたします。

結果をつくるマネジメント

結果管理から脱却する。

▶▶ 結果を基にしたマネジメント

　月初または年度初めに立てた**計画**は、月末または年度末に**結果**として現れます。目標とした数値に対し、達成したのか未達なのか結果を管理します。このような計画と結果に主眼を置いた**ストック志向**の管理が、結果を**基にした**マネジメントです。

　結果管理では、例えば、予実差異が結果として発生した時、「大幅な仕様変更があったからなのか？」「新人が配属されたからなのか？」「部品の不良が多かったからなのか？」などどれも推測にすぎなくなってしまいます。

　よく見える化というと「今月の不良件数は何件であった」「生産実績はこうだった」など結果の数値をグラフや一覧できれいに並べ、それを見ながら良かった／悪かったと一喜一憂することが多く見られます。しかしながら、このようなスタイルは、**過去の管理**と言わざるを得ません。

▶▶ 結果をつくるマネジメント

　月初または年度初めに立てた計画を結果に結び付けるには、月中の**業務活動**が重要です。刻々と変化する業務活動の事実を瞬間で捉え**その場で改善**を行いその有効性を判断することで、良い結果に導かれます。このような業務活動に主眼を置いた**フロー志向**の管理が、結果をつくるマネジメントです。

　つまり、見える化は、業務活動というプロセスの**日々を見える化**し**オンタイム監視**することで、「仕様変更があったので悪かった」「新人が配属されたので生産性が落ちた」「設備不良があったので稼働時間が少なくなった」というようなことが分かり、改善が促されます。日々改善でそれぞれの問題が処置されれば、それが月末の結果として未来の数値につながります。グラフや一覧できれいに見せることよりも、監督者や作業者の行動を促すような**今の見える化**をし、**PDCA サイクル**を回し、**今を管理**することが大切です。

結果を基にしたマネジメントから結果をつくるマネジメントへ

結果を基にしたマネジメント

財務情報や原価計算など**結果を基にしたマネジメント**は、計画と結果に主眼を置いたストック志向による管理である。

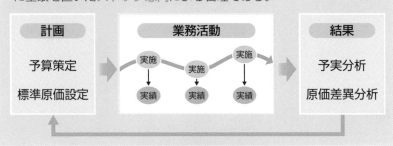

結果をつくるマネジメント

結果をつくるマネジメントは、業務活動に主眼を置くフロー志向による管理である。計画実現のために監視によって**今この瞬間の事実**を捉え、**改善を行い、その有効性を判断する**ことで結果を造りこんでいく。

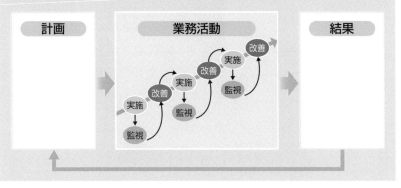

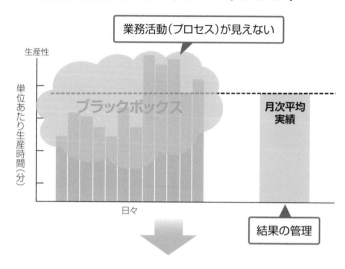

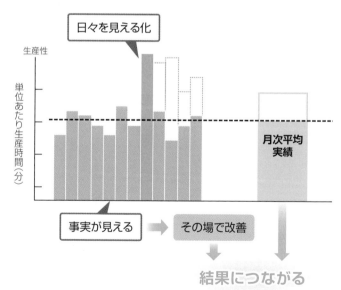

日々の見える化

結果をつくるマネジメント

業務は常にいろいろな事象によって変化している。

工場の見える化

日々の見える化

行動を監視

改善の見える化

今を管理する

結果でなく、今を見える化する

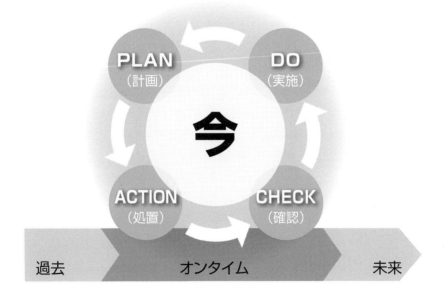

PLAN（計画）　DO（実施）

今

ACTION（処置）　CHECK（確認）

過去　オンタイム　未来

1-2
行動を管理する

管理項目には、結果系の管理項目と要因系の管理項目があります。

▶▶ 結果指標

　経営や管理において、めざす姿や目的が設定されています。そこから経営方針に沿って部門目標に落とされ、最終的に企業や組織が求める結果を判断する項目が、**結果系管理項目**となります。つまり、いつまでに、何を、どの程度にするかを明確にしたものです。このとき、「何を」に相当するものが、**結果指標**となります。

　例えば、「総時間あたりの生産高」「流出不良」といった結果指標を決めて、測定や監視を行い、適切な状態から外れた時に対処できるようにします。

▶▶ 管理指標

　月末や年度末にこうなっていたいという結果指標を実現するためには、実施する施策や具体的な業務活動が必要となります。つまり、結果をつくるマネジメントに必要な**行動**（プロセス）を明確にします。

　例えば、「総時間あたりの生産高」を高めたいといった結果指標に対しては、「不良・手直しロスの削減」や「動作ロスの削減」というような、まずすべき具体的行動を洗い出します。

　その実施すべき行動の適正性を具体的に示したものが**要因系管理項目**になります。つまり、いつまでに、何を、どの程度になっていることが、適正なのかを明確にしたものです。このとき、「何を」に相当するのが**管理指標**となります。例えば、上記例では、「不良・手直しロス回数」や「動作ロス時間」が管理指標となります。

　結果をつくるマネジメントでは、このような管理指標を使って管理をします。結果指標で示された目標は、努力しても、環境変化や自分たちを上回る競合などにより、求める結果が得られないこともあります。ですから、結果指標で管理しても、自分たち以外の要因で結果が左右されてしまうため、適切な管理ができません。一方、管理指標で示された目標は、人の意識と行動によって、達成の程度を操作することができます。人の意識や行動によって左右されるのが管理指標ですから、人の意識

や行動の適正性を評価し管理することに適しています。

▶▶ 行動を管理する

　要因系の管理項目である管理指標は、結果を生み出す基となる施策や行動の適正性を判断する項目です。仕事の実施上の異常の有無や程度を判断するもので、**行動指標**とも言います。管理指標は、その行動が、求める結果を導き出すことに貢献する適正なものとなっているか、測定・監視するモノサシですので、管理指標で今を見える化し、正しい行動が増えていれば、自ずと結果指標につながることになります。

結果指標と管理指標

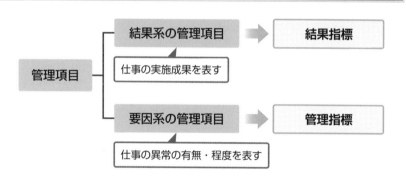

行動を管理する

結果指標に導くための具体的行動を定義する

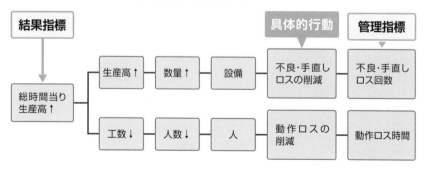

1-3
見える化のねらい

見えることで行動が生まれる。

▶▶ 見える化の意図するもの

　何も見えない状態では、暗中模索で何をしたらよいか判断がつきません。見えないものが見えるようになることで机上ではなく三現主義に即して、

> ・**現地**：現地に行ってモノを見る
> ・**現物**：現物を手にしてモノを確認する
> ・**現認**：現実を目で見て事実を認知する

で、改善案を考え（思考し）、対策案を選択（判断）し、行動（改善）が生まれてきます。つまり、見える化は行動に結びつけるための**トリガー**と言えます。トリガーとは引金（銃などを動作させるスイッチ）のことで、きっかけづくりの役割を果たします。

　そして、「見える→認識する→思考する→判断する→行動する」という一連の連鎖を通じて、ムダが見顕在化し、改善ニーズとなり、改善行動となり、ムダの排除につながります。

三現主義

机上

現地・現物・現認

- 現地：現地に行って、モノを見る。
- 現物：現物を手にして、モノを確認する。
- 現認：現実を目で見て、事実を認知する。

見える化は行動へのトリガー

今が
見える

改善案を
思考する

行動する

三現主義で
認識する

対策案を選択
判断する

トリガー

▶▶ 知識を行動に変える

　世の中情報が溢れ、分からないことがあればすぐにネット検索で知識が得られるようになっています。しかしながら、どんなに知識をたくさん持ち合わせていても、それが自社に活用できるような知恵に変わり、実際の行動につながらなければ、知識の持ち腐れになってしまいます。行動がなければ何の結果も生みません。行動に変えるためのツールが、見える化となります。

見える化で知識を行動に変える

行動が無ければ結果は生まれない

知識を知恵に変え行動につなげる

▶▶ 人づくり

　　見える化から日々の改善というプロセスを通じて、人は変化していきます。見えずに、動かなかった従前から、見えることで何とかしなければいけないという**価値観**に変わります。そこから当事者意識が沸き、自律的に何かしようという**意識**に変わります。意識が変われば、**行動**が変わっていきます。

　　このような行動できる人を複数育てていけば、戦略も実践可能となり徐々に組織や組織風土が変わり、**成果**となっていきます。

人づくり

日々の改善を通じて、価値観が変わり、意識が変わり、行動が変わることで、成果につながる

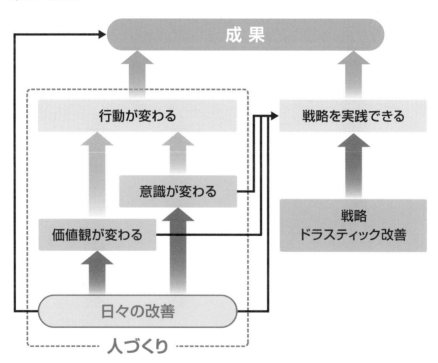

1-4
見える化の役割

見える化で、管理・改善の基盤を構築します。

▶▶ マネジメントと氷山の関係

　企業には、戦略実現・品質向上・売上向上・リードタイムの短縮・コストダウンなどの様々な**マネジメント課題**（経営課題）が存在します。これらは氷山で言えば水面上にある見える（認識できる）課題であり、それらを解決するために各企業は**仕組み（システム）**を構築し、課題解決に向けた取り組みを行います。しかしながら、それらの仕組みを導入した企業が必ずしも成果を出しているとは限りません。例えば、**かんばん方式**を形だけ真似してもそれが現品票の役割にしか使われず、ジャスト・イン・タイムどころか原価低減に一切寄与していないケースも多々あります。昨今の**IOT**（モノのインターネット、Internet of Things）でも、異常サインが出てもどうしたらよいか分からず何も行動しないようなことも起こります。世間で流行していたり、話題となっていたりする様々な仕組み（システム）を単に導入し、成功している企業と同じやり方を真似しても、自社の企業風土・習慣・文化が異なるため、自社流にアレンジできず課題解決には至りません。

　一方で、氷山には目に見えない水面下の部分がかなりあります。仕組みを上手に動かし課題解決を図りたいのであればこの水面下に着目する必要があります。これが**管理・改善の基盤**（**マネジメント基盤**）と言われるものです。この基盤がなければ、他社の優れた仕組みや基本的なパッケージを改善し、自社のDNAと融合することはできません。基盤ができてはじめて仕組みがまわり、マネジメント課題が達成できます。

▶▶ 管理・改善の基盤づくり

　管理・改善の基盤は、様々な卓越した仕組み（システム）を環境がめまぐるしく変わる中、常に状況対応させていくためのベースです。このような土台（ベース）が弱ければ、その上に乗る仕組み（システム）も機能しないし、マネジメント課題も解決されません。

　この管理・改善の基盤を、見える化をツールとして構築し、仕組み（システム）を自社流にアレンジすることで、種々のマネジメント課題が達成されていきます。

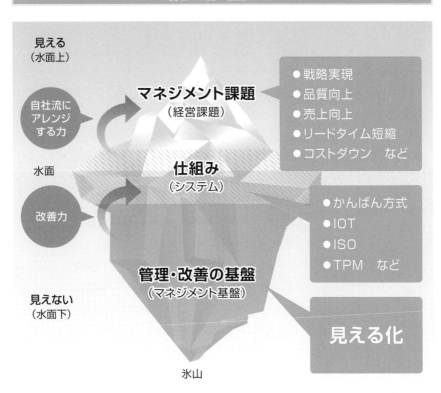

管理・改善の基盤づくり

見える
（水面上）

自社流に
アレンジ
する力

マネジメント課題
（経営課題）

● 戦略実現
● 品質向上
● 売上向上
● リードタイム短縮
● コストダウン　など

水面

改善力

仕組み
（システム）

● かんばん方式
● IOT
● ISO
● TPM　など

管理・改善の基盤
（マネジメント基盤）

見えない
（水面下）

見える化

氷山

7つの視点からの見える化

見えない7つの罪悪を考えます。

▶▶ 見えない7つの罪悪

見えないとはどのようなことで、どのような罪悪をもたらすのでしょうか。

①**モノが見えない**：製造現場における物理的なモノ、例えば、材料・製品・仕掛品・不良品・工具・治具などが見えない状況下では、探す、手待ち、つくり過ぎ、不良品流出などの罪悪を生む。

②**4Mが見えない**：Man、Machine、Method、Materialが見えない状況下では、ムリ（過度の負担）、ムラ（バラツキ）、ムダ（付加価値を生まないこと）などの罪悪を生む。

③**QCDSが見えない**：Quality、Cost、Delivery、Safetyが見えない状況下では、不良増加、コストアップ、納期遅れ、重大事故などの罪悪を生む。

④**情報が見えない**：開発・購買・生産・運搬・引き取り・販売などに関する様々な情報が見えない状況下では、生産状況が把握できない、生産計画の混乱、欠品、誤配送、誤った図面でモノを生産してしまうなどの罪悪を生む。

⑤**日常管理が見えない**：生産管理・購買管理・在庫管理・工程管理・品質管理・設備管理・原価管理・安全管理・労務管理などの日常管理が見えない状況下では、要員管理や設備に関する負荷・能力も調整できない、在庫・死蔵品の発生、ライン停止などの罪悪を生む。

⑥**方向性および思いが見えない**：様々な組織、階層、部門、国籍、年齢、男女、関連会社などが共存する中、方向性や思いが見えない状況下では、お互いのベクトルが合わずバラバラな動きになり、もぐらたたきの場当たり的な行動になってしまうなどの罪悪を生む。

⑦**全体および経営が見えない**：自分の周囲のことしか見えない状況下では、自分（自工程）さえよければよい、部分最適に終始し工場全体が見えない、自分の

努力が経営に反映されているのか見えずモチベーションが上がらない、経営者の意思が伝わらない、会社（自分）の将来に不安を覚えるなどの罪悪を生む。

▶▶ 7つの視点での見える化

　　本書の以下では、このような見えない7つの罪悪をつぶすための改善の進め方をご説明いたします。

見えない7つの罪悪

見えない

①モノ
②4M
③QCDS
④情報
⑤日常管理
⑥方向性および思い
⑦全体および経営

COLUMN　モノづくりは、人づくり

　　モノづくりでは、仕掛品を減らすとか、生産性を上げるとか、原価を下げるとか求められますが、それらは結果であって、本当のねらいは一人ひとりの能力を引き出すことにあります。

　　短期の成果をめざせば、一時的には成果は上がるかもしれませんが、すぐにどこかに消えてしまいます。

　　長期的・継続的な成果を求めるのであれば、人づくりが欠かせません。一人ひとりの能力を最高に引き出せば、当然生産性も上がるし、原価も下がります。

　　モノづくりは、人づくりといわれる所以です。

第2章

モノを見える化する

　製造現場のモノ（材料・製品・仕掛品・加工品・不良品・工具・治具・ゲージなど）が見えない状態では、動作・手待ち・つくり過ぎ・不良などのムダが発生します。これらモノを見える化するツールが、5Sです。5Sは、管理・改善の基盤を構築する上でも欠かすことのできないものです。

　そこで、本章では5Sの徹底によるモノの見える化の手順を解説していきます。

2-1
モノが見えないことによる罪悪

物理的なモノが見えないとはどのようなことで、どのような罪悪をもたらすのでしょうか。

▶▶ モノが見えないことで生まれる罪悪

製造現場には、様々な物理的なモノがあります。例えば、材料・製品・仕掛品・不良品・保留品・手直し品・工具・治具・ゲージなどです。これら物理的なモノがどこに・どれだけ・どのような状態であるのか見えない状況下では、以下のような罪悪をもたらします。

- **探す**：材料・仕掛品・完成品・工具・治具などを探す時間のムダを発生させる。
- **間違う**：良品・不良品・保留品を取り違え、混入や流出を発生させる。
- **戸惑う**：どれが正しいのか／新しいのか戸惑い、誰かに聞かないと分からない。
- **思い出す**：どこに置いたか、いつ頃のことだったか、誰に頼んだか、何しに来たんだか、など分からなくなる。

▶▶ モノを見える化する

物理的なモノが見つからない、探せないなど見えない要因は、**5S**が行き届いていないことが考えられます。一般的に5Sは、「掃除すること？」「きれいにすること？」「片付けること？」というようにとらえられがちです。しかしながら、このような意味で捉えていると5Sはかけ声倒れになってしまって、なかなか進まない、定着しないというようなことが起こります。

モノを見える化するツールとして5Sをすることで、モノを**探す**、**間違う**、**戸惑う**、**思い出す**ことがなくなり、ひいては、**ハタラキヤスク**（早く正しく楽に安く）なります。

▶▶ 5Sとは

　5Sとは、**整理・整頓・清掃・清潔・躾**のそれぞれの頭文字のSを取ったものです。

モノが見えないことで生まれる罪悪

モノを見える化するためのツール

・ハ　　＝ **早く**　（納期・期限）
・タ　　＝ **正しく**（品質）
・ラキ　＝ **楽に**　（生産性）
・ヤスク＝ **安く**　（コスト）

5S ≠

※単にきれいにする、片付ける、掃除するということではない

2-2

5Sでモノを見える化する

5Sは、改善そのものです。改善の手順を踏みながら進めていきます。

▶▶ 改善活動とは

改善活動とは、一人でものを片付けたり掃除したりすることではありません。**全員参加で改善の場**をつくり、その場を通じて問題を明らかにし、改善案を立案し、改善を実践し、その効果を確認していく一連の流れです。このような場を通じて改善が繰り返されることで、改善のレベルがスパイラルアップしていきます。

▶▶ 5S改善手順

5Sを改善として進めていく際の手順は、以下の通りです。

---

① **活動の準備**：目的・定義・目標の明確化、体制づくり（委員会・事務局・伝道師）、5S推進区の明確化などを行う。

② **啓蒙・教育**：ポスター・ニュースによる啓蒙、5Sの基本教育、事例研究、改善伝道師・5Sトレーナー教育などを行う。

③ **整理の推進**：5Sの中でも、まずは整理のみ徹底的に行う。

④ **整頓の推進**：整理で要るものだけが残ったあと、それらを整頓する。

⑤ **清掃・清潔・躾の推進**：整理整頓の2Sを行った後で、次は残りの3Sを展開していく。

⑥ **5Sの定着**：5Sを根付かせる仕組みを構築する。

⑦ **5Sの横展開**：モデル職場から他職場への展開しながら、全社に広げていく。

▶▶ 5S展開計画

5S活動を推進するにあたり、**5S展開計画**（タイムテーブル）を作成しスピードをもって改善していきます。

5S改善の手順

5S活動の準備 ···· 目的・方針・目標の明確化、体制づくり
5S推進区（モデル職場）の明確化

5S啓蒙・教育 ···· 5Sの基本教育、用語の統一

整理の推進 ···· 整理と整頓を分けて、まずは要らないものを徹底的に捨てる

整頓の推進 ···· 要るものを使いやすくするための、置き場・置き方・表示等を行う

清掃・清潔・躾の推進 ···· 清掃基準と当番表の作成、清掃モデル化、定期巡回点検等であとの3Sを実施する

5Sの定着 ···· 5Sチェックリスト、自主点検、安全パトロールなどの仕組みづくりで5Sを維持する

5Sの横展開 ···· モデル・エリアから他職場へ範囲を広げていく

5S展開計画（タイムテーブル）

ガントチャート

計画 ‑‑▶　実績 ‑‑‑▶　完了● 遅れ/停滞● 手つかず○

		状況	7月 1週	2週	3週	4週	8月 1週	2週	3週	4週	9月 1週	2週	3週	4週
導入期	目的・方針・目標の共有	●	‑‑▶											
	基礎教育	●	‑‑▶											
	活動の場づくり	●	‑‑▶											
	現状把握の写真撮り	●	‑‑▶											
成長期	整理基準の作成	○		‑‑▶										
	不要品たなざらし			‑‑▶										
	整理の徹底				‑‑‑▶									
	5S改善シート、赤札の活用				‑‑‑‑‑‑‑▶								
	原因療法としての問題の洗い出し					‑‑‑‑‑‑▶							
	整頓へ・・・						‑‑‑‑▶						
成熟期	原因となる上流箇所への根治的改善										‑‑‑▶		
	チェックリストでの巡回											‑‑‑‑▶	
	・・・												

2-3
整理のポイント

5つのSを一緒にせず、整理から順番に一つずつ進めていきます。整理は、要るものと要らないものを明確に分けて、要らないものを徹底的に処分することです。

▶▶ 整理で今必要なモノだけにする

製造現場では、顧客から返品になった製品、不良かどうか判断がつかずに一時置きされた製品、手直しをすれば完成品となるがなかなか手直しができない状態の製品、顧客から一時保管を要求された製品、営業が見本として取り寄せた製品、他社のベンチマーク製品、廃版となって売れ残った製品、顧客へのサンプル品・技術の試作品などの製品、今後使う予定のない原材料、使用済となった治具、今は使っていない工具、大昔の仕様書・設計書などの技術書、埃のかぶったカートン・フィルム・通い箱・パレットなどの運搬資材などモノが要るものか／要らないものか見えない状態が散見されます。これらを「**今**」要るのか／要らないのかという基準で区別し、要らないものは**処分**します。処分とは全て**廃棄**するということではなく、当面必要が無いものであればどこかにまとめて**保管**することも含みます。

このように整理は、**不要品を撤去**し、**スペースの有効活用**を図り、**今の仕事**に必要なものを最適管理します。

▶▶ 時間の目盛

「今」という単位が、**時間の目盛**です。例えば、朝一番で今日行う仕事の材料を全部揃えて1日が終われば何も残らなければ時間の目盛りは、「日」です。この場合、完成までに5工程あるとすれば5日分の仕掛品が滞留することになります。一方、ある自動車会社のように、2時間ごとに材料がライン側（サイド）に来て2時間経てばその組立が終わり次の2時間分の材料がまた来るとういうことであれば時間の目盛りは、「時間」となります。この場合、完成までに5工程あるとすれば仕掛品は10時間となりほぼ1日分で済みます。このようにライン側にどれほどのモノを持つかという尺度が、1日より1直、1直より1便、さらに時間というように手元やライン側（サイド）に置くモノの量を少なくしていくことで仕掛品が少なくなり、ひいては

リードタイムが短縮されます。

　この考え方が、必要なものを、必要な時に、必要なだけという**ジャスト・イン・タイム**の原点となる発想です。時間の目盛を細かくすればするほど、不要な仕掛在庫が減りリードタイムが短縮されキャッシュフローが高まります。

　作業者の身近なところ（ライン側）に、今の作業に必要な材料・部品・工具だけになれば、動作のムダや不良をつくるムダがなくなり、生産性・品質も高まります。

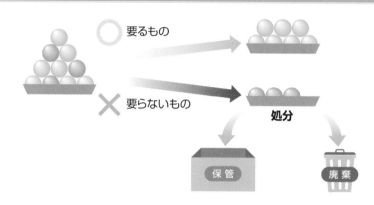

整理で"今"必要なモノだけにする

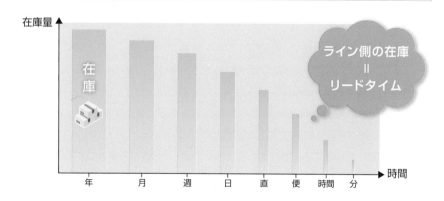

整理のポイント＝時間の目盛

2-4
整理推進のツール

要るものか／要らないものか白黒はっきりしないものを見える化し、思い切って処分していきます。

▶▶ 思い切りが大切

いつか使うかもしれない、置いていたら何かの役に立つかもしれない、捨てたら叱られるかもしれない、といった思いでモノが処分できず、ほったらかしにされがちです。ここは、不要品を思い切って処分することで、必要なモノがすぐに間違いなく取り出せる状態をつくります。

▶▶ 不要品を見える化する

整理が進まないのは、**不要品が見えない**からです。整理しなければならない必要箇所が、目で見て分かるようにすれば、やらざるを得なくなります。そこで、整理させるための見える化として、以下のようなツールを用いて徹底的に行動を促します。

- **5Sカード／赤札**：不要品と思わるものにカードや赤いビニールテープを貼り付け一覧にしたり、写真を撮ったりして、現場に整理を促す。終了すれば剥がし、確認を得る。
- **改善シート**：整理ができていない箇所の現状の姿を写真に撮りシートの左半分にその写真を貼り付け、掲示板にて見える化し現場に整理を促す。終了したら定点（現状の写真を撮った位置）撮影しその写真を右半分に貼り付ける。
- **不要品たなざらし・迷い箱**：白黒はっきりしないグレーゾーンにある所有者不明のものを一箇所にまとめて、よく目に付く場所に保管する期限を決めて置き、期限が来たら処分してしまう。
- **整理基準**：自ら捨てる判断ができるようにするための廃棄基準をつくる。

整理推進のツール

5Sカード/赤札

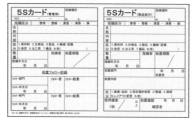

改善シート

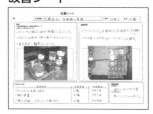

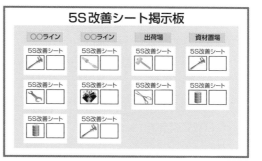

不要品たなざらし
期限：9月30日

迷い箱
期限：9月30日

整理基準

NO.	区分	名称（複数可）	使用頻度	処理区分	処理判定者	廃棄承認者	廃棄までの保管期間
1	原材料	コイル材、カット材	1回／週超 1回／週以下 1回／月以下	現場で使用 ストア管理 一時保管後廃棄	担当者 リーダー 課長	部長	6ヶ月
2	半製品	切削加工完了品、表面処理前品	1回／週超 1回／週以下 1回／月以下	現場で使用 ストア管理 一時保管後廃棄	担当者 リーダー 係長	課長	1ヶ月
3	不良品	検査不合格品、工程内不適合品	1回／週以上 1回／週以下	指定置き場保管 一時保管後廃棄	担当者 課長	課長	1ヶ月
4	工具	ドライバー、レンチ、スパナ、ハンマー、	1回／週超 1回／週以下 1回／年以下	現場で使用 ストア管理 一時保管後廃棄	担当者 リーダー 係長	課長	1年

2-5
整頓のポイント

整理が終われば整頓に移ります。整頓は、要るものを必要な時に必要なだけ使いやすいようにきちんと置き、誰にでも分かるように明示することです。

▶▶ IE的アプローチで整頓する

IE（Industrial Engineering）は、作業研究または生産工学とも訳され、「テーラーの科学的管理法」や「ギルブレスの動作研究」に端を発しています。それぞれの職種で実際に高い業績をあげた者に共通してみられる行動特性に注目し、そこから模範的な行動を導き出そうとするもので、動作研究・作業研究を通じて、誰もが熟練作業者が作業を行うが如く生産性の高い仕事をすることを追求します。

そこでは、**動作経済の原則**に基づいてモノの置き場・置き方を決めていきます。

- **動作の数を減らす**：材料・工具などの置き方を工夫することで、モノを探す・選ぶなどのムダな動作を排除する。
- **動作を同時に行う**：両手が自由に動作できるようにし、その自由な手を手待ち状態にしない。
- **動作の距離を短くする**：身体を動かす距離が長くなれば運動量が増え、労力が余分にかかり動作時間が長くなる。
- **動作を楽にする**：かがんだり、背伸びをしたりといった無理な姿勢で作業せず、判断などの心的努力を最小限にとどめる。

▶▶ 定置・定品・定量（3定）

決められた「位置（場所）」に、決められた「品（物）」を、決められた「（数）量」だけ置き、見える化します。

- **定置**：使用頻度や使い方・作業手順に応じて**置場**を決め、**ストライクゾーン**（最

適作業域）で仕事ができるようにする。置場を決めたら表示を徹底する。表示が無ければ、無造作に何かを置いてしまい乱れの基となるので、全てに表示を施す。

- **定品**：決められた置き場には決められた**品物**を置く。図書館の本棚のように本棚の番号と本自体の番号が合うように品物自体にも**表示**を徹底し、**戻す工夫**を行う。

- **定量**：定置・定品ができたら、次はその量（**数量**）を決める。最大在庫量は、3つまで置いてよい、あるいは1メートルの高さまで置いてよいという上限であり、最小在庫量は、いくつになったら発注する、あるいは仕掛けるというような下限となる。

定置・定品・定量

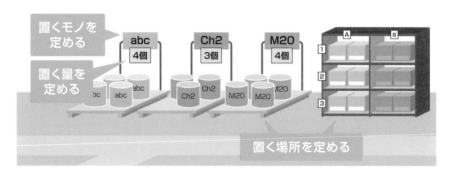

整頓のポイント＝IE（Industrial Engineering）

ストライクゾーン

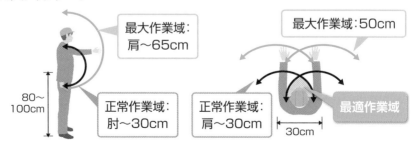

2-6
整頓推進のツール

誰でも分かる、誰もが探すことなく欲しいものをすぐ取り出せるようにします。

▶▶ 置き場の決め方

IE的な作業性を考慮した置き方にします。

- **材料・製品・仕掛品の置き方**
  - ・先入れ先出しが可能（積み替え、詰め替えなどがなく、古いものから使えるように置く）
  - ・運搬しやすい置き方（トラック、リフト、台車などの運搬媒体に合わせて置く）
  - ・取り出しやすい置き方（奥ではなく、通路沿いに置く）
  - ・製品別置き方（他製品と混乱しないように置く）
  - ・機能別置き方（加工・組立て・検査などの機能ごとに置く）
  - ・モジュール化（使用数量に合った1単位×nのモジュール単位で置く）
  - ・直置き禁止（直接床面に触れるような置き方をしない）
- **治工具・資材類の置き方の心得**
  - ・機能別置き方（加工・組立て・検査などの機能ごとに置く）
  - ・治工具の共通化（共通化で種類の削減をする）
  - ・使用点の近接化（ムダな動きがないように、なるべく近づける）
  - ・形跡／定跡管理（元の位置に戻せるように姿形をトレースして管理する）
  - ・目隠し戻し（目をつぶっていても戻せるようにサックなどに入れて使う）
  - ・無意識戻し（手を離せば元位置に戻るようにスプリングコードで上からつるすなどして使う）

▶▶ ロケーション管理

物量の変化が激しいものやそうでないものもあるので、

> ・**フリー・ロケーション**：同一品種のモノを収納するエリアを予め決めておき、空いている場所に置く方法。
>
> ・**フィックスド・ロケーション**：品番ごとに収納場所を決めておき、所定の場所に所定の製品を置く方法。

で決められた置き場を管理します。

▶▶ 整頓基準

置き場、保管機器（パレット・ラック・通い箱・棚など）、置き方（平置き・積み重ねなど）、表示方法（ラベル・看板など）、置き場の表示色など工場として統一した判断基準をつくります。

整頓推進のツール

整頓基準

	区分	名称	置き場	保管機器	置き方	表示物	表示方法	置き場表示色
1	原材料	コイル材、カット材、線材、押し出し成型材、樹脂ペレット、	使用現場指定置き場	パレットラック	平置き平置き	現品と置き場現品	ラベルと看板ラベル	黒黒
2	半製品	切削加工完了品、表面処理前品	使用現場ストア指定置き場	通い箱棚パレット	平置き平置き積重ね	置き場と容器置き場と容器保管容器	ラベルと看板ラベルと看板ラベル	緑緑青
3	不良品	検査不合格品、工程内不適合品	指定置き場	パレット	積重ね	置き場と容器	看板	黄

2-7
清掃のポイント

清掃は、身の回りのものや職場を常に掃除してきれいにすることです。

▶▶ すぐに作業できる状態を維持する

清掃は、身の回りのものや職場のものをきれいにして、いつでも使えるようにします。例えば、工具の整理整頓で必要な工具が整えられた状態をつくっても、工具を使った人が元の場所に戻さなかったり、そのまま使いっぱなしにしたりしたのでは、次に使おうとした際、探さなければなりません。そこで、**仮置き・チョイ置き**をなくし、探すことなく使いたい時に**すぐに使える状態**にします。作業においても同様に、ある作業が終了したら治工具や材料・収容箱などを片付け、身の回りを清掃したり潤滑油を塗ったりして収納します。こうしておけば、次回同じ作業が出た場合ほとんど準備時間をかけずともすぐにその作業に取り掛かることができます。作業をしようと思ったら錆びていて動かないとか、汚れや油を拭き取ってからでないと使えないとかいう状態であっては困ります。ある作業が終われば掃除し、次回いつでも作業できるようにします。このように清掃は、**必要な時にすぐに作業**ができる状態を維持することです。

▶▶ 異常が浮かび上がるようにする

清掃が行き届いていなければオイル漏れなどの設備異常を見逃し、そこから不良品や設備故障が発生します。このようなトラブルを起こさないようにするためにも清掃を徹底し、異常が浮かび上がるようにします。そうすれば**日常点検**も容易になり、設備の**メンテナンス**が行き届き、清掃を通じて設備に愛着が沸きモノを大切にする心が育まれます。

▶▶ 日常化する

　　毎日5分でも10分でもよいから、空き時間などを利用して小まめに掃除を実施します。掃除を**日常化**することで正常状態が維持され、会社や製品への信頼感も増します。

　　毎日清掃する箇所は、**清掃当番表**などを用いて清掃時間、担当エリア、担当者などを決めます。また、定期清掃として月1回／半年に1回のように普段行わない敷地の外周、溝、駐車場などのエリアに関しても、時期・エリア・担当などを決めて行います。

清掃の日常化

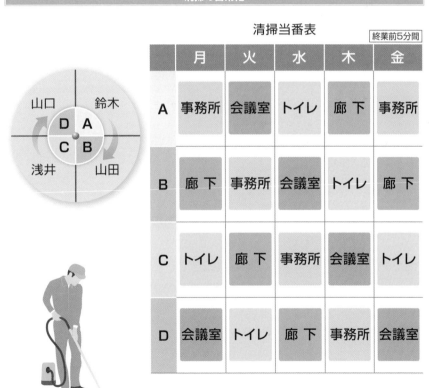

清掃当番表

終業前5分間

	月	火	水	木	金
A	事務所	会議室	トイレ	廊下	事務所
B	廊下	事務所	会議室	トイレ	廊下
C	トイレ	廊下	事務所	会議室	トイレ
D	会議室	トイレ	廊下	事務所	会議室

2-8
清掃推進のツール

清掃推進のためのツールを開発します。

▶▶ 掃除道具のオープン化

掃除道具は、いつでもすぐに掃除できるように必要なものを必要なだけ揃えて置きます。多すぎても少なすぎてもダメです。モップ1本、ほうき1本、ブラシ1本、ちりとり1個……というように決められた道具を決められた本数だけ、各職場で管理します。

掃除道具は、密閉されたロッカーの中にしまってしまうと「臭いものにはふたをしろ」の例えのようにかえって管理が難しくなりますので、あえて**オープン化**し、フックなどで吊るすなどして外から見えるようにします。こうすることで、道具の有無がひと目で分かるようになり、管理が容易になります。

▶▶ 収容棚もオープン化

工具棚・治具棚・部品棚・書庫などの収容棚も扉を設けず、オープン化します。オープンだと誰かが勝手に持っていってしまうという恐れもあるかもしれませんが、使ったら返却することを徹底させ、掃除道具と同様にオープン化で管理します。

▶▶ 道具の管理レベル＝その会社の5Sレベル

例えば、「匠」と呼ばれるような一流の腕の良い職人は、道具にもこだわり、手入れもしっかり行います。つまり、「道具の管理が良い＝一流の職人＝良い仕事ができる」という図式が成立します。同様に、掃除道具がきちんと管理されている会社は、通常5Sもしっかり行き届いていると言えます。道具にも愛着を持って接しないところでは、心のこもった5Sはできません。

オープン化

管理の目が行き届かない

目で見る管理

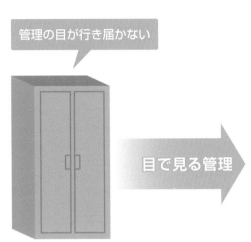

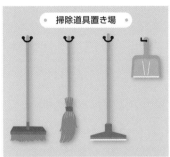

掃除道具置き場

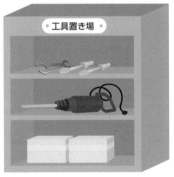

工具置き場

道具の管理

愛着を持たせる

2-9
清潔のポイント

清潔とは、整理・整頓・清掃を維持する活動であり、誰が見てもきれいで、きれいな状態を保とうという気持ちにさせることです。

▶▶ 腐ったミカンの法則

ミカン箱に一杯のミカンのうち一つでも腐ったものが出てくれば周りのミカンもそれに汚染され腐ったミカンが広がっていきます。これと同様に、職場作業現場でもゴミが落ちていれば、ひとつぐらい捨てても分からないだろうとつい捨ててしまう行為が発生します。逆に、ゴミがひとつも落ちていないようなピカピカの床にはゴミを捨てることに抵抗を感じるはずです。いつでもきれいな状態であればそれを維持しようとする気持ちが働きます。乱したり汚したりすることに罪悪感が沸き、きれいな状態が続きます。また、ゴミの散乱という物事が大きくなってから対処するのではそれだけ負荷も大きくなりますが、ゴミのない状態ではすぐに対処することができ**最小限の負荷**で済みます。

そのために、床などは暗い色にするのではなくあえて汚れが目立つような**明るい色彩**にすることも一つの方法です。明るい色であれば、乱暴な運転をするフォークリフトのタイヤ跡や機械の油漏れなどが目立つようになります。そうすれば、運転のスピードを規制しようとかフォークリフトを廃止して別の運搬手段を考えようとか、機械の整備や保全を行おうとなります。言うなれば、清潔は、**見せる化**とも言えます。

▶▶ 規律遵守で一体感を持たせる

完成品置き場の床ライン内に整然とモノを並べる、収容箱の表示が前面で揃い見えるようにする、製品の払い出しが同方向で取り出しやすいようにされる、など規律正しく整然と並べることで早く正しく楽に安全に取り出すことができるとともに、**異常の検知**もしやすくなります。見た目もきれいになり、外来者があっても堂々と見せられる職場になります。

▶▶ 定期巡回点検で維持させる

　職場により、5Sのレベルは異なってきます。よくできている職場もあれば、悪い職場もあります。そこで、**5Sチェックリスト**などを用いて定期的に工場内を**巡回**します。診断結果は、**5S診断掲示板**などに貼り出したり職場にフィードバックしたりしながら、改善行動を促します。5Sだけで毎月1回巡回が難しければ、安全パトロールなどの法令で定められた工場巡回などと一緒に行います。

　また、管理・監督職が巡回するだけでなく、**経営トップの工場巡回**も行います。トップが「やれ！やれ！」というだけで、現場にも行かない、フォローもしない、任せっきりという状態では、モチベーションは上がりません。

5Sチェックリスト

年　　月　　日　記入者(　　　　　　)

区分	チェック項目	＊＊職場 不可　　　優
作業台	作業台、棚、床上に不要(不明)なものが置かれていないか	1・2・4・5
	モノが作業に邪魔になる通路に置かれていないか	1・2・4・5
	モノが消火栓・消火器・配電盤の前に置かれていないか	1・2・4・5
工具	すぐに使える状態になっているか	1・2・4・5
	破損・汚れはないか	1・2・4・5
	不要(不明)なものが置かれていないか	1・2・4・5
	工具類の放置がなく、工具箱が工具棚に置かれているか	1・2・4・5
器具・備品	個人使用・共有物のモノが渾然としていないか	1・2・4・5
	共有物の管理ルールが明確になっているか	1・2・4・5
	すぐに取り出せる状態になっているか	1・2・4・5
表示・標識	期限切れの掲示物が掲示されていないか	1・2・4・5
	汚れていたり、モノに隠れて見えにくくなっていないか	1・2・4・5
	実態と標識は合っているか	1・2・4・5
	通路と作業域が明確に区分・表示されているか	1・2・4・5
通路	通路は白線等で表示されているか	1・2・4・5
	通路にモノが置かれていないか	1・2・4・5
	通路は滑らず、つまずかないようになっているか	1・2・4・5
	やむを得ず通路を使用する時は必要な標識があるか	1・2・4・5
倉庫	保管・保存場所が分かりやすくなっているか	1・2・4・5
	目で見て分かるように置かれているか	1・2・4・5
	合計	/100点
コメント:		

2-10

清潔推進のツール

清潔は、汚したくない気持ちを醸成し、5Sを維持させようとする心を育てます。

▶▶ きれいな状態を維持させる

　5Sは、一時的にできてもすぐにまた元の状態に逆戻り（先祖帰り）してしまいます。そこで、きれいな状態を維持するために、**異常**が浮かび上がるようにします。異常が見えるようにするためには、表示をはっきりさせることです。**色彩管理**として、例えば、モノの置き方で置き場をライン色で識別します。完成品は、青色ライン、保留品は黄色ライン、不良品は赤色ライン……というようにモノとライン色を相関させます。また、特に保留品は良品への混入可能性があるので、モノ自体にもラインと同色を塗るようにします。そして、処置後、良品となれば青色に、不良品となれば赤色に塗り替えるようにします。

　このようにルールや取り決めを**色彩基準**による表示ではっきりさせることで、異常が見え、きれいな状態が保たれるようになります。

▶▶ 正しい状態がひと目で分かる

　どのスイッチがどの機械か、どのスイッチがどの動作かなど**迷わない**ように、スイッチと設備の関係がすぐに識別できるような工夫をし、その上でスイッチがONかOFFか判断できるというような表示を行います。目的・機能・役割がその場で分かり、前後左右に法則のあるレイアウトがあれば、戸惑いはなくなります。

▶▶ 正常か異常かひと目で分かり、異常検知ができる

　機械のメーターなどは、針の指している位置が正常値なのか異常値なのかメーターの目盛の周りにイエローゾーンやレッドゾーンを入れ、**正しい状態**をひと目で判断できるようにします。また、異常値になった場合にはどのような処置をするのか明示しておけば対処行動が取り易くなります。

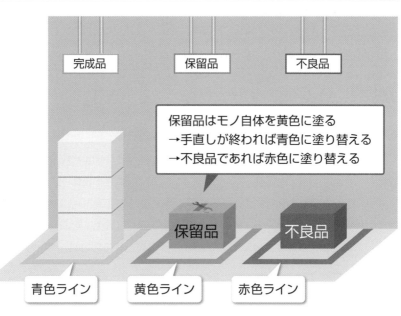

色彩管理

完成品　　保留品　　不良品

保留品はモノ自体を黄色に塗る
→手直しが終われば青色に塗り替える
→不良品であれば赤色に塗り替える

保留品　　不良品

青色ライン　　黄色ライン　　赤色ライン

正常か異常かひと目で分かり、異常検知ができる

異常値

異常時は、下記NOを
内線123へ連絡すること

NO.109

2-11
躾のポイント

躾とは、決められたことをいつも正しく守る習慣づけことです。躾の漢字の構成は、身を美しくすると書いてしつけと読みます。外見だけ美しくするのではなく、所作や立ち居振る舞いも美しくあらねばなりません。

▶▶ ルールや規律を守らせる

会社や工場内は、様々な人が働く公の場です。このような場で各人が勝手な振る舞いをしたのでは秩序が乱れてしまいます。例えば、決められたところに決められた通りにモノを置かなかった場合、そのモノにつまずいて転んでケガをしたり、そのモノが誤品となって混入し品質トラブルを引き起こしたり、そのモノが無いと言うことでまたつくり直したりするような様々な不利益を生じさせます。自分では何気なく行った小さな行為が会社に大きな損害を発生させる原因にもなりかねません。このように躾は、**決められたことを決められた通りに守る**ということです。

特に、最近工場内には老若男女の正社員だけでなく、期間従業員・パート・派遣従業員、さらには外国人労働者までいます。価値観や風習も異なる**ダイバーシティ**（**多様性**）の中、自分では常識と思っていることが他者では非常識ということもよくあります。何が正しく何が間違いなのかというルールを予め明確にし、**職場のルールや規律**を守らせます。

▶▶ 挨拶と朝礼

躾を考える上でいけないことは「ちょっとだから良いだろう、これくらいなら良いだろう」という甘い気持ちです。このような小さなことが多大な影響を与えることになります。特に、経営者や管理者などの上に立つ立場の者が自分なら良いだろうとやってしまうと、下の者もそれを見習い・真似し全体が乱れていきます。

例えば、毎朝挨拶しましょうということを決めたならば、上の者から大きな声で「おはようございます」と声掛けしましょう。このように声を出し**挨拶する**ことや**礼・お辞儀**をすることなどは、一番の基本です。

また、管理監督者は、朝礼で服装の乱れがないかチェックします。服装の乱れは、

安全面にもつながりますので誤りがあればすぐにその場で正します。ルール
を守らせる上で大事なことは、ルール違反を見つけたら「見て見ぬ振り」をし
ないことです。毅然と**叱る**ことが大切です。

　そして、体調の悪そうな者はいないか、今日の注意点などを確認して作業に
取り掛かります。

躾推進のツール

ルールを守らせるためのツールを工夫し、守らせます。

▶▶ 正しい状態の見える化

正しい状態が明確でないところでは、躾は難しくなります。正しい状態が曖昧であるため叱ることもままなりません。そこで、まずは**正しい状態**を決めます。例えば、服装では、作業服・手袋・ヘルメット・保護メガネ・耳栓・安全靴など保護具の着用を規定し、図や写真を使って視覚で誰でも認識できるように**見える化**します。さらに、保護具の着用を必要とするエリアには、それが分かるような表示をし、守らせます。

▶▶ ルールの道具化

例えば、高さ制限は1.2メートル以下というように、まずはルールを決めます。1.2メートル以下というルールを決めても、それが管理監督者の頭の中だけであっては作業者が守ることができません。

ルールを知らされない、忘れてしまった、分からないでは、守りようがありませんので、高さ制限は1.2メートル以下という表示をつくりルールを**見える化**します。

次がルールの**道具化**です。道具化とは、ルールが守れるように強制的な制約を現地現物でつくってしまうということです。例えば、高さ制限は1.2メートル以下というルールであれば、1.2メートルの高さにバーをつけてそれ以上の高さにものが置けないようにしてしまいます。他にも、工具であれば必要な数だけの置き場をつくったり、収容箱なども決められた数以上は置けない環境をつくったりして、後戻り防止をはかります。

正しい状態の見える化

正しい服装

- ヘルメット
- 保護メガネ
- 耳栓
- 手袋
- 作業服
- 安全靴

これより先のエリアは
保護メガネ着用!
使用後は要返却。

安全衛生委員会

ルールの見える化と道具化

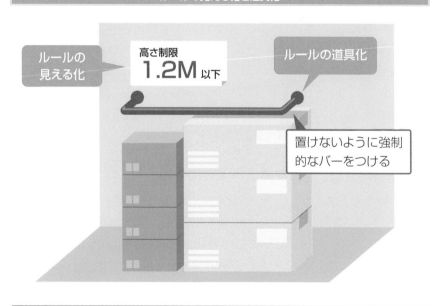

ルールの
見える化

高さ制限
1.2M 以下

ルールの道具化

置けないように強制
的なバーをつける

2-13
見える化と5S

5Sのねらいは、モノが見えるようになることだけではありません。仕事のバラツキを低減し、仕事を安定化させます。

▶▶ 小さく生んで大きく育てる

5Sは、**モデルライン**から始めていきます。どこから先にモデル化し、どういう順序で展開していくかは様々ですが、一つのやり方として**出口**（**出荷場**）に近いところから始め、徐々に上流工程へさかのぼります。最初に出口を行う理由は、つくりの悪さは出口に出るからです。上流工程の悪さが後工程へと押し込まれ、つくり過ぎた在庫、不良品の在庫、設計変更にともなう在庫、顧客からの返品、誤手配・誤配送の在庫、指示ミス、つくり間違い、品質不良など工場の様々な部署の悪さが出荷場に集約されてきます。それら一つ一つを整理しながら、問題点を見える化し改善していきます。

▶▶ バラツキを低減する

戸惑い・探索・思い出し・間違いなどが多ければ、**バラツキ**の幅が大きくなります。バラツキとは、やるたびに60秒であったり80秒であったりする時間のバラツキや、作業手順が毎回異なりミスを繰り返すようなやり方のバラツキのことを指します。つまり、バラツキがある分、時間という**生産性**やミスという**品質**が損なわれることになります。このようなバラツキは、管理領域と言って金をあまりかけない5S改善でなくすことができ、**正味作業**の割合が高まります。

▶▶ 仕事を安定させ、問題を見えるようにする

バラツキが低減するということは、仕事が安定するということです。仕事が安定することで、その振れていたバラツキの幅が縮小され、その分が**生産性向上や品質向上**という成果になって現れてきます。つまり、**早く正しく楽に安く（ハタラキヤスク）**なり、QCDS（Quality、Cost、Delivery、Safety）が向上します。さらに、仕事が安定することで、問題・課題・異常・悪さなどが見えるようになり、改善が進み

ます。

このように5Sは、問題などを明らかにする環境整備と言えます。

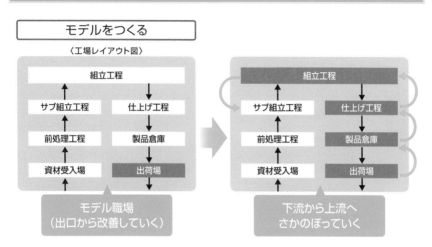

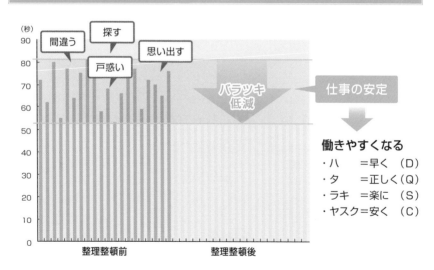

5Sで改善のイロハを習得する

　汚い場所や乱雑な置き方は、誰でも認識できます（見えます）。その見えた問題は、すなわち改善ニーズです。そのニーズに対して、誰もが自律的に改善行動を起こしていくことを、5Sにて学んでいきます。つまり、5Sは改善行動を取ることを学ぶ格好の教材であり、原点です。

　そして、改善で注意すべき点は、

①改善はニーズに基づくこと
②やれることをやるだけではなく、「やるべきこと」への挑戦
③改善を自ら実践する人に徹する
④人づくり・マインドづくりのための繰返し教育とコミュニケーション
⑤指示号令型ではなく現場の自主性を重視
⑥結果よりもプロセス評価
⑦徹底した真因追求を行う
⑧思い立ったら即行動
⑨設備改善、工程改善よりまずは作業改善を優先する
⑩改善は金をかけずに知恵を出す、困らなければ知恵は出ない、一人のひらめき
　より10人の知恵
⑪方策が決まったらまず安全と品質を確認する
⑫トップの意思と管理職のリーダーシップ
⑬長期の経営計画の中で一歩一歩改善を進める
⑭短期的には負荷が増え財務目標が悪化することも頭に入れて置く
⑮黒字の中での改善が望ましい
⑯職場文化を考慮に入れる

などです。

4Mを見える化する

4Mとは、生産に必要な要因系（インプット）のアイテムのことで、

①Man：人（人数、力量、意識）

②Machine：施設・設備・機械（ハード・ソフト）

③Method：方法（やり方・手順、技術・手法、しくみ、システム、スピード）

④Material：原材料・購入品・資材（有形・無形、コンテンツ）

を指します。

これらの状況が見えないことで、ムダが発生します。

そこで、本章では、この4Mを見える化することにより、ムダを排除するアプローチについて解説いたします。

3-1
4Mが見えないことの罪悪

4Mが見えないとはどのようなことで、どのような罪悪をもたらすのでしょうか。

▶▶ 4MとQCDSの関係

4Mとは、

- **Man**：人（人数、力量、意識）
- **Machine**：施設・設備・機械（ハード・ソフト）
- **Method**：方法（やり方・手順、技術・手法、しくみ、システム）
- **Material**：原材料・購入品・資材（有形・無形、コンテンツ）

の4つの頭文字Mを指し、生産に必要な**要因系（インプット）のアイテム**になります。

このようなインプット系の要素が見えなければ、アウトプットがうまくいくはずはありません。

生産の**結果系（アウトプット）のアイテム**とは、

- **Quality**：品質
- **Cost**：コスト
- **Delivery**：納期
- **Safety**：安全

という**QCDS**であり、結果を求めるのであれば、インプット系アイテムの見える化が欠かせません。

▶▶ 4Mが見えないことで生まれる罪悪

　4Mが見えない状況下では、以下のような製造現場の7つのムダといった罪悪を
もたらします。

製造現場の7つのムダ

ムダ（顧客にとって価値のないもの）を7つの視点でとらえる。

ムダの視点	説明
加工そのもののムダ	加工品の精度などに寄与しない不必要な加工を行うムダ
不良をつくるムダ	不良による材料・部品・手直し工数等のムダ
運搬のムダ	必要最小限以外の仮置き・積み替え・移し替え等のムダ ・顕在的運搬のムダ：目で見えるモノを移動するムダ ・潜在的運搬のムダ：加工中の取り置き、積み込み・積み下ろしなど目で見にくいムダ
つくり過ぎのムダ	過剰な設備・人による必要量及び必要な早さ以上に生産してしまうムダ
在庫のムダ	材料・仕掛品・完成品の在庫が倉庫費・運搬費・管理費などの在庫管理費用・金利費用や償却損を発生させるムダ
動作のムダ	人の歩行や作業に伴う付加価値を生まない動きのムダ
手待ちのムダ	欠品・部品待ちや設備の加工待ちに伴う作業待ちのムダ

人の動きを観察し、ムダを見える化します。

▶▶ 人を活かす

人の動きには、

- **正味作業**：作業によりモノに付加価値を与えるもの
- **付加価値のない作業**：今の作業条件下で付加価値はないがやらなければならないもの
- **ムダ**：作業上不必要な価値を生まない動作

というように分けることができ、ムダは**人に関する5大ロス**として、

① **管理ロス**：生産管理や発注管理など管理上の理由から発生する手待ちのロス
② **動作ロス**：作業者の作業動作のムダによって発生するロス
③ **編成ロス**：仕事の分担や生産量の変動などによって、仕事の負荷のバランスが崩れることにより発生するロス
④ **自動化置き換えロス**：人手による作業のうち、機械化や自動化に置き換えることによって、品質や生産性が高まるにも関わらず、機械化や自動化をしないことによって発生するロス
⑤ **測定・調整ロス**：生産において測定と調整を繰り返し行うことによって発生するロス

などに分けることもできます。

　日常の仕事が当たり前になってしまうとこのようなムダに気づくことなく見過ごされがちです。そこで、人の動きを見える化し、ムダを排除することで**正味作業**の割合を高め、作業者が忙しそうには動いているが価値を生んでいない状態から、付加

価値のある**働き**の割合を高めていきます。

▶▶ 動作分析の進め方

　人の動きのムダを見える化するツールが、動作分析です。手計測では、作業者の後ろに立ち黙ってジッと観察します。しかしながら、いきなりこれをすれば、作業者は自分が「何か悪いことでもしたのなあ？」と不安になります。そこで、始める前には「あなたの動きを分析して楽になるような改善をするために動作を見させて下さい」というように**時間観測**の趣旨を説明してから行います。

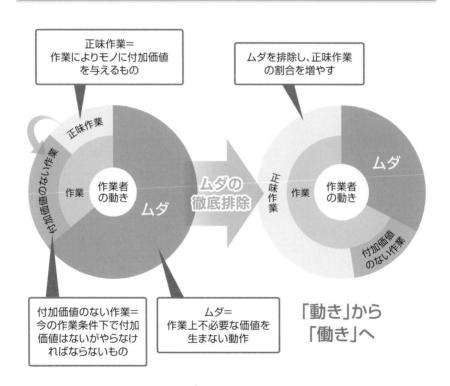

人を活かす

正味作業＝
作業によりモノに付加価値
を与えるもの

ムダを排除し、正味作業
の割合を増やす

正味作業

作業

作業者
の動き

ムダ

付加価値のない作業

ムダの
徹底排除

正味作業

作業

作業者
の動き

ムダ

付加価値
のない作業

付加価値のない作業＝
今の作業条件下で付加
価値はないがやらなけ
ればならないもの

ムダ＝
作業上不必要な価値を
生まない動作

「動き」から
「働き」へ

第3章 4Mを見える化する

3-3
ワークサンプリングにて動作の
ムダを見える化する──Man②

ストップウォッチを用いて時間観察しながら動作分析する手法の一つです。

▶▶ ワークサンプリング手法

ワークサンプリングは、人の動きを瞬間的に観測し、それらの観測の積み重ねによって、各観測項目の**時間構成**や**作業構成比率**、その推移状況などを統計的に推測する方法です。進め方は、以下の通りです。

①**観測する対象と範囲を決定する**：どの職場、工程、時間帯、人を対象にするか。

②**観測する作業項目を決定する**：作業項目は把握したい作業の大きさにし、何が **正味作業**か**非正味作業**なのか区分する。

③**観測間隔、時間を決める**：例えば、30秒間隔で10分間というように決める。

④**観測する**：客観的に瞬間的に観測し回数を記録していく。必要ならば説明を求めても良い。打合せや不在の場合は理由を聞く。観測項目は臨機応変に追記していく。対象作業者には帽子の色を変えるなど分かりやすくする。

⑤**観測値の集計、分析を行う**：観測項目ごとの全体に対する正味/非正味、作業別、動作別、機械別など比率を出してグラフ化する。

動作分析のツール

ワークサンプリング

例えば、「白板に文字を書く」作業において10秒間隔であれば、10、20、30、…秒の時に何をしていたのかを記録する。

| 歩いていた | ペンの取り置き | 座った |

対象工程：白板に文字を書く

作業項目	正味・非正味区分	回数	計
歩く	非正味	正 正 一	11
座る	非正味	正 丁	7
立つ	非正味	正	4
ペンの取り置き	非正味	正 一	6
書く	正味	正 下	8
		計	36

▶▶ 改善の対象は非正味作業

　ワークサンプリングでは、**非正味作業**が見える化されます。例えば「白板に文字を書く」という作業では、「書く」という正味比率は約2割程度しかなく、残りの8割は、「歩く・座る・立つ・ペンの取り置き」などの非正味作業です。これらをさらに細かく見ていくと些細な動作にムダが潜んでいます。例えば、

- **足の動き**：空歩行、半歩戻り、半歩踏み込み、立ち止まり
- **手の動き**：上下、片手の手待ち、保持、持ち替え、繰り返し、取りにくい、やりにくい、放れ際
- **体の動き**：振り向き、かがみ、背伸び、大きな動き、重いものの運搬、引っ張り、不安全動作
- **目の動き**：探す、選ぶ、確認、見にくい、狙い、気をつかう、いらいら
- **モノの動き**：上下、左右、反転、方向転換、取り置き

などです。

　このようなムダを**ブレーンストーミング**などで抽出し排除し、**正味作業比率**を高めていくことで、付加価値の割合が増していきます。

改善の対象は非正味作業

●ワークサンプリングより

正味作業	非正味作業	計
8	28	36

正味作業比率
＝8÷36＝22%

正味作業比率

正味作業：■　非正味作業：■

些細な動きにムダが潜んでいる

足の動き　ムダ　目の動き

手の動き　体の動き　モノの動き

ムダの抽出

ブレインストーミング

> グループメンバーに自由な発言・発想をさせることにより
> アイデアを引き出す手法。

4原則

批判禁止	その場で良い悪いの判断や批判をしない
自由奔放	制約ナシに自由奔放に発想し、意見を述べる。
質より量	アイデアの量が多い方がよい。
結合・便乗	他人のアイデアを参考に連想発想を促進する。

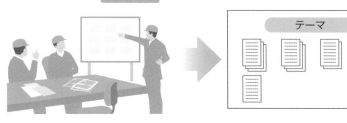

テーマ

3-4
時間観測にて動作のムダを見える化する——Man③

ストップウォッチを用いて動作分析するもう一つの手法です。

▶▶ 時間観測手法

ワークサンプリングが構成比率による推測方法であったのに対し、時間観測手法は、仕事の順序を記録し時間を**直接測定**し把握します。進め方は、以下の通りです。

① **要素作業を決定する**：要素作業は観測可能な大きさ（少なくとも2～3秒以上）にする。

② **観測用紙へ要素作業を記入する**：観測点（ストップウォッチを読み取る瞬間でその作業が終った瞬間）を記憶する。

③ **時間を観測する**：ストップウォッチは途中で止めずに回し続け要素作業が終わった時のストップウォッチの目盛りを読み、観測用紙の観測時間記入欄（上段）へ黒字で記入する。

④ **1サイクル当たりの時間を求める**：最下段に赤字で1サイクル時間を記入する。

⑤ **サイクルタイムを決める**：10回程度観測しその最小値を選び、要素作業時間欄の最下段へ記入する。

⑥ **各要素作業の時間を求める**：下段の時間値から上段の時間値を引算し各下段へ記入する。

⑦ **各要素作業時間を決める**：各要素作業時間はサイクルタイムに合わせること。各要素作業の最小値を足しても必ずしもサイクルタイムと同じ値にならない場合は要素作業時間の発生頻度の多い順に割り振る。

改善の着眼点はバラツキ

時間観測手法では、同じ人でも毎回時間が異なる、またできる人と不慣れな人では時間が大きく違ってくるというような**バラツキ**が見える化されます。そこで、現状把握として、

- **What**：何が（どの要素作業が）
- **When**：いつから、いつ（いつが良くて、いつが悪いのか）
- **Where**：どこで（どこが良くて、どこが悪いのか）
- **Who**：誰が（誰がやると良くて、誰がやると悪いのか）
- **How**：どのように（どうやると良くて、どうやると悪いのか）
- **How Much**：どのくらい（何秒、何分差があるのか）

という観点で分析し、バラツキの大きな点に対する動作のムダ排除の改善を施します。

改善後は、再度時間観測を行い、Before／Afterで効果の確認を行います。

時間観測手法

3-5
ビデオ撮影による動作分析
──Man④

ビデオ撮影した後で再生しながら作業者を観察する手法です。

▶▶ ビデオ撮影の仕方

観察者と作業者が1対1の関係になって一人の動きを追うやり方や、三脚をジャマにならない場所に設置して人が張り付かずに録画するやり方などがあります。

特に、ビデオ観測が向いているのは、以下の場合です。

- 繰り返し性が高く、1サイクル時間が短い作業観測の時
- 動作まで細かく分析する時
- 長時間で頻度の少ない作業の時
- 改善前後の比較をする時
- 多人数で議論する時　　　　　など

▶▶ ビデオ再生からの分析

ビデオの利点は、早送りや巻き戻しができることです。例えば、1日かけて段取り替えを行う作業では、早送りで再生すれば短時間で1日分の動きを圧縮して見ることができます。微妙な動きでは、何度も巻き戻して再生できます。再生時に本人にも自身の動きを見せることができ、自分の動きのムダを自覚させることもできます。

このように観測方法には、手計測とビデオ撮影、分析手法には、ワークサンプリングと時間観測があります。業種業態、作業内容に応じてどの観測方法がよいか、どの分析手法がよいか状況に応じて選択し、非正味作業やバラツキを見える化し、改善を実施します。

動作分析の方法と手法

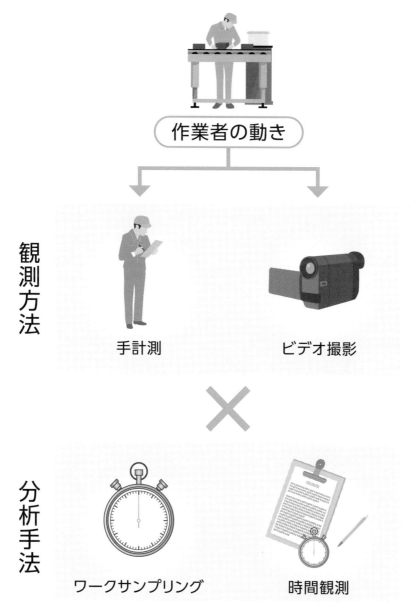

作業者の動き

観測方法

手計測　　　　　　　ビデオ撮影

×

分析手法

ワークサンプリング　　　　時間観測

3-6
人と機械の動きの組合せを
見える化する――Man⑤

人の動きと機械の動きの中でムダを見える化します。

▶▶ 標準作業組合せ票

人と機械の動きの両面からムダを見つけるツールが、**標準作業組合せ票**（マン・マシンチャート）です。標準作業組合せ票とは、各工程の手作業時間や歩行時間を明らかにし、**タクトタイム**（1個どれだけの時間でつくればよいかという標準スピード）を基にして人と機械の動きを組合せ、作業者一人がどれだけの範囲を担当し、作業順序をどのようにするかを検討する道具です。タクトタイムと**サイクルタイム**（実際に行った実績時間）の差が改善ニーズとなり、サイクルタイムをタクトタイムに近づける作業改善（歩行のムダをとる、手待ちをなくすなど）の必要箇所が見える化されます。また、自動送り時間との関係から、タクトタイム内にその作業の組合せが収まるかどうかも見えるようになります。

▶▶ 標準作業組合せ票の作成

標準作業組合せ票は、以下の手順で作成します。

---

① 直当り必要数を記入する

② タクトタイム（1日の定時稼動時間÷日あたり平均必要量）を求め記入する

③ 作業順を記入する

④ 作業内容を記入する

⑤ 時間を記入する

　・**手**：手作業時間（人の作業時間）

　・**送**：自動送り時間（機械の自動運転時間）

　・**歩**：歩行時間（次工程への移動時間）

　・**合計**：手作業時間と歩行時間の合計

---

⑥ 作業時間欄を記入する

　・**手作業時間**：実線

　・**自動送り時間**：点線

　・**歩行時間**：波線

人と機械の動きの組合せの見える化

標準作業組合せ票

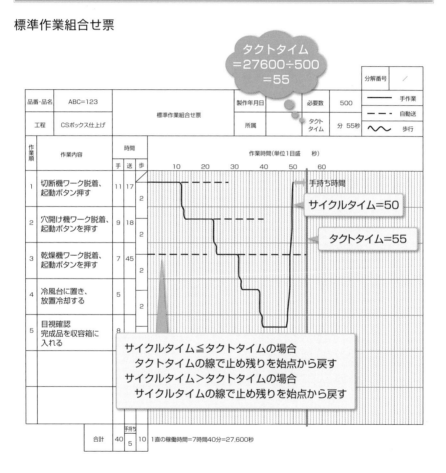

タクトタイム
=27600÷500
=55

| 品番・品名 | ABC=123 | 標準作業組合せ票 | 製作年月日 | | 必要数 | 500 | ——— 手作業 |
| 工程 | CSボックス仕上げ | | 所属 | | タクトタイム | 分 55秒 | - - - 自動送 〰 歩行 |

分解番号 ／

作業順	作業内容	時間 手 送 歩	作業時間(単位1目盛　秒) 10　20　30　40　50　60
1	切断機ワーク脱着、起動ボタン押す	11 17 / 2	手持ち時間
2	穴開け機ワーク脱着、起動ボタンを押す	9 18 / 2	サイクルタイム=50
3	乾燥機ワーク脱着、起動ボタンを押す	7 45 / 2	タクトタイム=55
4	冷風台に置き、放置冷却する	5 / 2	
5	目視確認 完成品を収容箱に入れる	8	

サイクルタイム≦タクトタイムの場合
　タクトタイムの線で止め残りを始点から戻す
サイクルタイム＞タクトタイムの場合
　サイクルタイムの線で止め残りを始点から戻す

| 合計 | 40 | 手持ち 5 | 10 | 1直の稼働時間=7時間40分=27,600秒 |

3-7
人の動きと機械配置を
見える化する——Man⑥

人の動きと機械配置について、標準作業票を用いて見える化します。

▶▶ 標準作業票

　　標準作業票は、作業者ごとの作業範囲と**標準作業3要素**（**タクトタイム**・**作業順序**・**標準手持ち**）を示したもので、誰にでも工程内の作業状態を分からせるように掲示して、作業者の動きや機械の配置を見える化したものです。監督者が原則として作成し、現場に掲示し、そこから改善の道具・管理の道具・指導の手段として活用していきます。随時改定を行いながら、作業者に対しどのような作業をさせるかという意思表示でもあります。

▶▶ 標準作業票の作成

　　標準作業票は、以下の手順で作成します。

---

①**作業内容を記入する**

②**機械配置を記入する**

　・標準作業組合せ票の作業順の番号を付け実線で結ぶ

　・最初と最後の作業は点線と矢印で結ぶ

　・ネック工程には赤色を付ける

③**品質チェックを記入する**

　・品質チェックが必要な工程には、「◇」マークを付けチェック頻度を1/nで記入する

④**安全注意を記入する**

　・自動機及び安全注意が必要な工程には、「✛」マークを付ける

⑤**標準手持ちを記入する**

　・標準手持ちが必要な工程には、「●」マークを付ける

---

⑥標準手持ち数を記入する

⑦タクトタイムを記入する

⑧サイクルタイムを記入する

⑨分解番号を記入する

　・作業者一人に1枚作成するが、ライン作業ではライン全体で1枚でも良
　　い

　・複数の人を1枚に書く場合は、サイクルタイムは別々に記入し、n/n＝
　　何番目の作業者／ライン全体の作業者数を記入する

　・生産品番毎に作成するが、工数の類似したものをグループにわけグ
　　ループごとに作成しても良い

⑩作成・改訂日を記入する

⑪メンテナンスは、タクトタイム・人員・サイクルタイムなどの変動時に行
　う

人の動きと機械配置の見える化

標準作業票

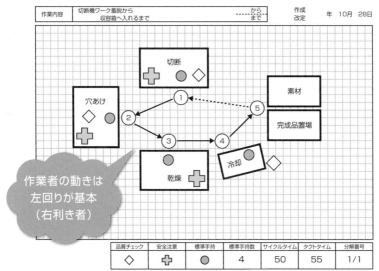

3-8
一人工の仕事を見える化する
——Man⑦

1日の定時時間に対して、正味作業の割合を見える化し、定時分の仕事を与えるようにします。

▶▶ 繰り返し作業でない場合の人の動き

種類が多く異なる作業を行う工程や運搬・段取り・刃具交換・品質チェックなどの作業で信号・情報・指示などにより仕事を行う工程においては、いくつもの作業の組合せが生じるため人の動きがなかなか見えません。

そこで、人の動きの工数を積み上げ**山積表**にして、負荷のバラツキを見える化し、**一人工**（1日の定時時間に対して、定時間分の仕事を与えること）の追及を行います。

▶▶ 人の工数の山積表

山積表のつくり方は、以下の通りです。

> ①作業内容を決め、時間観測を行う。
> ②山積表の横軸に作業者（工程）、縦軸に時間などを記入する。
> ③作業者ごとに作業工数を積み上げる（ポストイットなどを用いて作業内容ごとに色分けしながら積み上げる）。
> ④作業者ごとの作業量のバラツキが見える化される。

山積表で見える化された問題は**山崩し**を行いながら、以下の手順で改善します。

> ①定時に対し、工数割れや工数オーバーを確認する。
> ②定時に対する過不足をなくし、定時分の仕事を割り振る。
> ③中途半端な端数工数は一人に集約する。

④中途半端の端数工数の改善を図り、目のある**省人化**（作業改善や設備改善により人を１人単位で省くこと）する。

このように山積表は、作業量のバラツキを見える化し、**平準化**をねらって改善を行う道具です。加工自動化ラインの刃具交換、段取り替え、材料・部品の受入供給、製品の出荷作業などの改善の手がかりとし、ライン作業者が行う作業とライン外作業者が行う異常対応作業を区分・集約し、最適な作業編成を組むことにより**一人工**の追及が可能となります。

人の工数の山積表

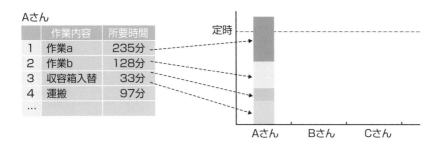

	作業内容	所要時間
1	作業a	235分
2	作業b	128分
3	収容箱入替	33分
4	運搬	97分
…		

Aさん

山積表から山崩しで一人工の追及

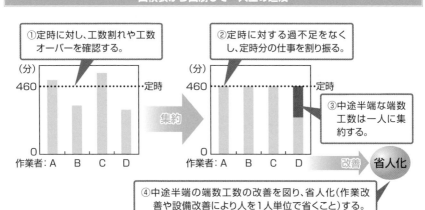

①定時に対し、工数割れや工数オーバーを確認する。

②定時に対する過不足をなくし、定時分の仕事を割り振る。

③中途半端な端数工数は一人に集約する。

④中途半端の端数工数の改善を図り、省人化（作業改善や設備改善により人を1人単位で省くこと）する。

第3章

4Mを見える化する

3-9
大部屋化する
——Man ⑧

一人工の仕事に満たない端数工数の場合、大部屋化を図ります。

▶▶ 大部屋化

　小さな単位で仕事を行うと端数工数が生じた場合、それを吸収することができません。そこで、機械や工程はなるべく近くに寄せて（近接化）、例えば0.7人工の端数工数の作業者が隣の工程の0.3人工の仕事を行うことで一人工の仕事に集約します。

　このように小さな**離れ小島**ではなく、大きな範囲で設備やエリアを広げていくことを**大部屋化**と呼びます。

▶▶ 多台持ちと多工程持ち

　大部屋化の考え方を基に、山積表や標準作業票などで人の動きを見える化しながら、**多台持ち**や**多工程持ち**に取り組みます。

・多台持ち（横持ち）

　設備の配置を同種の工程や機械を集めて配置し、1人の作業者が複数台を担当する。例えば、作業者Vは旋盤の1〜4号機を担当し、作業者Wはフライス盤の1〜4号機を担当し、作業者Xはボール盤の1〜4号機を担当し、作業者Yはタッピングの1〜4号機を担当する。1〜4号機の4台を担当することで端数工数の機械の一人工の追及を図る。

・多工程持ち（縦持ち）

　設備の配置を工程順に配置し、1人の作業者が複数工程を担当する。例えば、作業者VはA製品の旋盤・フライス盤・ボール盤・タッピングの各号機を担当し、作業者WはB製品の旋盤〜タッピングの各号機を担当し、作業者XはC製品の旋盤〜ボール盤・タッピングの各号機を担当し、作業者YはD製品の旋盤〜タッピングの各号機を担当する。各製品の旋盤・フライス盤・ボー

ル盤・タッピングを担当することで、端数工数の機械の一人工の追及
を図る。

　多台持ちと多工程持ちのどちらがよいかという観点では、生産のリードタイ
ムが短く、需要の変動に応じて柔軟に対応できる**多工程持ち**の方がベターと
言えます。

大部屋化

離れ小島をなくす

0.7人工　　　　　　0.4人工

端数工数
の集約

0.3人工　　　　　　0.6人工

多台持ちと多工程持ち

多台持ち（横持ち）	多工程持ち（縦持ち）
1人で4台を担当	1人で4工程を担当

	機械			
	1号機	2号機	3号機	4号機
工程（施盤）		作業者V		
工程（フライス盤）		作業者W		
工程（ボール盤）		作業者X		
工程（タッピング）		作業者Y		

＜

	製品の種類			
	A	B	C	D
工程（施盤）	作業者V	作業者W	作業者X	作業者Y
工程（フライス盤）				
工程（ボール盤）				
工程（タッピング）				

一人工追及のために、人の配置やスキルの見える化を行います。

▶▶ 人員管理板

　　工程間や部門間をまたがる人の異動が生じると、誰がどこにいるのか分からなくなります。そこで、工場レイアウト図に**人員管理板**で人員をマグネットなどで印し、人の見える化を行い、最適な人員配置を行います。

　　その作成手順は、以下の通りです。

---

　　①工程レイアウトを描く

　　②作業者をマグネットなどで表示する

　　③レイアウト上に作業者を配置する

▶▶ 誰でもできる化を図り、作業が人につく状態にする

　　ローテーションの少ない職場では、あの作業はあの人しかできないという現象が生じます。これは**人に作業がついている状態**です。その人に任せておけば安心だし、その作業だけの生産性は上がっています。しかしながら、その人が病気になったり、異動になったりすれば、混乱をきたし生産性も低下します。

　　そこで、このような属人的な業務は、その人のやり方・手順・勘コツを見える化し、**誰でもできる化**をはかり、**作業に人がつく状態**にしなければなりません。特に、匠と言われるような熟練作業者のスキルは、一朝一夕に伝承できるものではありませんので、その暗黙知をできるだけ**形式知**にし、標準化します。

▶▶ 多能工訓練計画表（スキル・マップ）

　　多工程持ち（縦持ち）などで一人工を追及する場合、複数の工程を作業できる能力が求められます。しかしながら、それらのスキルはすぐに身につくものではあり

ません。そこで、**多能工訓練計画表（スキル・マップ）**で**力量評価**を見える化し、育成を図ります。多能工訓練計画表は、縦軸に作業者、横軸に工程や技能項目をとり、4象限の円グラフでスキルの習熟度を現していきます。

　まずは現状のスキルの棚卸しから始め、習熟するごとに4分の1ずつ星取表を埋めていきます。次に身に着けて欲しいスキルは、予め洗い出し育成計画に反映してきます。Off J.T.で育成が困難であれば、ローテーションをしながら実際の作業を通じて習熟させ、計画的な**多能工化**を図ります。

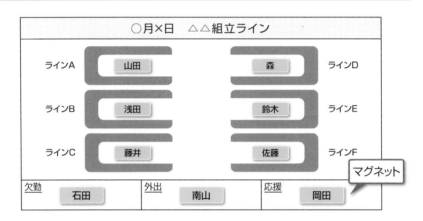

人員管理板

○月×日　△△組立ライン

ラインA　[山田]　　[森]　ラインD

ラインB　[浅田]　　[鈴木]　ラインE

ラインC　[藤井]　　[佐藤]　ラインF

マグネット

欠勤　[石田]　　外出　[南山]　　応援　[岡田]

スキル・マップ

⊕ 作業を理解し経験が有り指導できる
⊕ 作業を理解し経験を積めば指導ができる
⊕ 作業を理解し1人で作業できる
⊕ 作業の意味は理解できる
⊕ 理解できず1人で作業できない

スキル・マップ（多能工訓練表）

		出庫	仕訳	加工	検品	梱包	積載
1課	Aさん	⊕	⊕	⊕	⊕	⊕	⊕
	Bさん	⊕	⊕	⊕	⊕	⊕	⊕
	Cさん	⊕	⊕	⊕	⊕	⊕	⊕
	Dさん	⊕	⊕	⊕	⊕	⊕	⊕
	Eさん	⊕	⊕	⊕	⊕	⊕	⊕
	Fさん	⊕	⊕	⊕	⊕	⊕	⊕
	Gさん	⊕	⊕	⊕	⊕	⊕	⊕

3-11
人の生産性を見える化する
——Man⑩

人の生産性を測るモノサシを見える化し、「今」を管理します。

▶▶ 人に関する５大ロスのモノサシ例

---

①**管理ロス**：製品リードタイム（材料〜完成品になるまでの時間）

②**動作ロス**：時間あたり出来高（１時間でいくつできたかという生産量）

③**編成ロス**：一人あたり持ち台数（一人で何台の機械を持つことができたか）

④**自動化置き換えロス**：省人化数（人を何人省くことができたか）

⑤**測定・調整ロス**：段取り替え時間（段取り替えに要した時間）

などをモノサシにして、その結果を労働生産性として見ていきます。

▶▶ 労働生産性

人の生産性のモノサシは、

アウトプット÷インプット＝生産高（生産金額）÷投入工数（人・時間）

＝マン・アワー・レイト＝**労働生産性**

で見える化します。

つくり方は、

---

①**目的を明確にする**：職場、月日、品種など、何を見たいかはっきりさせる。

②**アウトプットを明確にする**：生産高、生産数など産出要件を決める。

③**インプットを明確にする**：作業工数、作業者数など投入要件を明らかにする。

④**算出する**：アウトプット÷インプットでマン・アワー・レイトを計算する。

⑤**結果を分析する**：算出結果の良し悪しを分析する。

というようにして日々グラフ化し、時系列比較や職場間比較で異常を発見します。

　例えば、ある工程で、生産高日あたり2,600個、定時7.5時間、作業者数3人の場合、

　2,600÷（7.5×3）＝115個／時間・人となり、一人で1時間あたり115個生産していることになります。

　これを基準にして、生産高が減れば少ない工数（人数）で115個／時間・人を目指し、生産高が増えれば残業や増員で115個／時間・人をすることを目指します。例えば、生産高が2,000個に減り同じ工数7.5時間で3人であれば、マン・アワー・レイトは2,000÷（7.5×3）＝88個／時間・人となり、生産性が悪化した（さぼっている）ことが一目で分かります。この場合は、2,000個を2人作業で残業を2.5時間プラスして行えば、マン・アワー・レイトが同じような数字 {2,000個÷（7.5時間×2人）＋残業2.5時間} ≒114個／時間・人になりますので、計画から一人抜いてその人には朝から別の作業をさせるようにします。

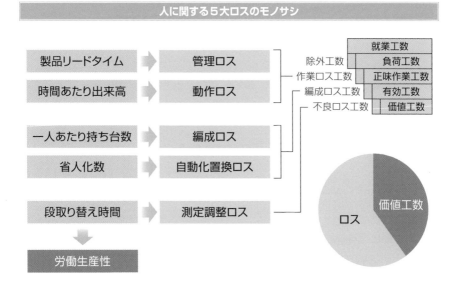

人に関する5大ロスのモノサシ

3-12
機械・設備の見える化と改善
——Machine①

機械・設備を傾向観察し、ムダを見える化します。

▶▶ 設備を活かす

　人と同様、設備に関してもムダを見える化し、付加価値のある稼働を高めていかなければなりません。

　設備に関するロスとして、

---

①**故障ロス**：設備機器などの故障によって発生するロス

②**段取りロス**：生産する製品を切り替える時の段取り作業で発生するロス

③**刃具交換ロス**：刃具が摩耗などして交換する時に発生するロス

④**立ち上がりロス**：設備を起動して、安定するまでの間の立ち上げ作業で発生するロス

⑤**チョコ停・空転ロス**：材料の取り付けの甘さから引っかかったり、加工の切り屑が絡みついて停止したりするなど、些細な原因で停止するチョコ停や加工開始までの空転によるロス

⑥**速度低下ロス**：設備の加工スピードの遅いことにより発生するロス

⑦**不良・手直しロス**：不良品をつくってしまったことによって発生するロス

の7大ロスと

---

⑧**計画停止時間（シャットダウンロス）**：定期的メンテナンスなどによって設備を停止させる時や、生産計画上の理由で設備を停止させる時に発生するロス

があり、これらを見える化することで設備の生産性を高めていきます。

▶▶ 設備生産性

設備の生産性のモノサシとしては、以下のようなものがあります。

- **稼働率**（カドウリツ）：生産能力の中でどれだけ生産したかという割合。まだどれだけ造る余力があるかを見る。
- **可動率**（ベキドウリツ）：負荷時間の中でどれだけ生産したかという割合。どれだけ非（不）稼働割合があるかを見る。

稼働率に関しては、需要が無いのにこの数字だけを高めれば売れる見込みのない在庫ができることになり、「見かけの能率」を追求になってしまいます。

一方の可動率で、ロスを減らし設備を動かしたい時にいつでも動いてくれる状態を保つことが必要です。

稼働率（カドウリツ）と可動率（ベキドウリツ）

稼働率　生産能力の中でどれだけ生産したかという割合。まだどれだけ造る余力があるかを見る。

計算式＝1直（日）あたりに生産した数量÷1直（日）あたりにどれだけ生産できるかという設備能力

$$＝生産実績÷生産能力。$$

例えば、185個÷300個×100＝61.7%

可動率　負荷時間の中でどれだけ生産したかという割合。どれだけ非（不）稼働割合があるかを見る。

計算式＝設備が生産をしている時間÷設備が稼働しなくてはならない時間

$$＝ロス時間を除いた生産時間÷計画停止時間を除いた操業時間$$
$$＝価値稼働時間÷負荷時間。$$

例えば、価値稼働時間515分、負荷時間550分（①〜⑦のロス時間合計が35分とすれば515＋35＝550）＝515÷550×100＝93.6%

3-13
設備状況を見える化する
——Machine②

非（不）稼働時間を見える化し、ロスを削減する

▶▶ 非（不）稼働時間

非（不）稼働時間は、①故障ロス、②段取りロス、③刃具交換ロス、④立ち上がりロス、⑤チョコ停・空転ロス、⑥速度低下ロス、⑦不良・手直しロスにより、設備を稼働させたいのに稼働しなかった時間です。これらを日報などにより記録をとり設備状態の山積表にします。

設備状態の山積表のつくり方は、以下の通りです。

---

①停止時間・停止要因は全て記録する。

②要因別に停止時間をまとめる。

③価値稼働時間は、タクトタイム×良品出来高数で計算する。

④要因別にまとめた時間で山積表をつくる。

⑤負荷時間と棒グラフの積み上げで差ができるかを確認する（＝不明時間）。

⑥不明時間は別途調査する。

⑦1直あたりで計算する。

⑧価値稼働時間÷負荷時間×100で、可動率を算出する。

▶▶ 非（不）稼働時間の中で焦点を絞る

非（不）稼働時間を見える化すると、その中でもウェートの大きなものがはっきり表れてきます。次の図の例では、段取り替え時間が相当します。そこで、段取り替え改善を行い、可動率が短縮されたかどうか効果を確認していきます。

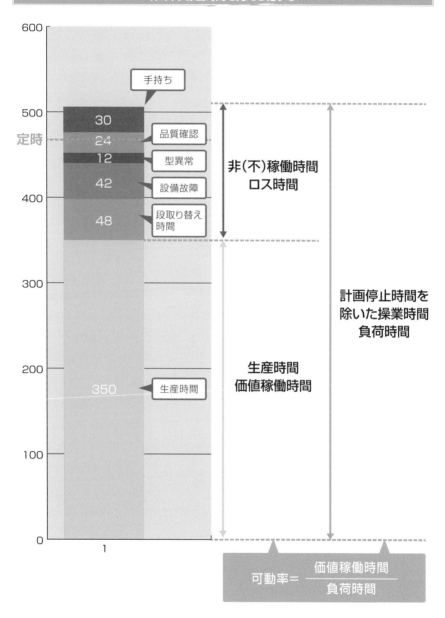

非（不）稼働時間を見える化する

- 手持ち
- 品質確認
- 型異常
- 設備故障
- 段取り替え時間

600

500

定時

400

300

200

100

0

30
24
12
42
48

350 — 生産時間

1

非（不）稼働時間
ロス時間

計画停止時間を
除いた操業時間
負荷時間

生産時間
価値稼働時間

$$可動率 = \frac{価値稼働時間}{負荷時間}$$

▶▶ 段取り替え改善

段取り替え時間とは、現時点で加工している部品の加工が終わった時から、次に生産する部品の型や刃具などを交換して次の部品の良品1個目ができるまでの時間を言い、内・外区分の作成や実績推移図などで見える化します。

総段取り替え時間＝

　内段取り替え時間（機械を停止させないとできない段取り替え作業時間）

＋**調整時間**（段取り替え後、品質の精度確保やトラブル処理のため機械が停止する時間）

＋**外段取り変え時間**（機械を停止させずにできる段取り替え作業時間）

▶▶ 段取り替え改善のステップ

段取り替え改善は、以下の手順で進めます。

---

①**内段取り作業と外段取り作業を分ける**：内段取り作業・調整作業・外段取り作業を明確に分ける。

②**内段取り作業を外段取り作業に移す**：材料の準備、型・治工具・刃具の点検整備・取りそろえ・後片付け、標準類・ゲージの準備と後片付けなどを外段取り作業に移す。

③**内段取り作業を短くする**：金型・治工具・刃具をワンタッチ化にする、平行段取り替え作業の実施、段取り作業の標準化、作業訓練などで内段取り作業を短くする。

④**調整時間を短くする**：調整作業を外段取りに移すなどで調整時間を短くし、調整レス（調整時間ゼロ）を目指す。

⑤**外段取り時間を短くする**：準備完了品置き場の指定、外段取りトラブルの改善、使用済み金型・治工具・刃具などの整備と整備手順の標準化を行う。

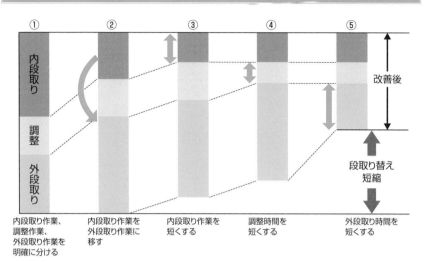

段取り替え改善のステップ

① 内段取り作業、調整作業、外段取り作業を明確に分ける
② 内段取り作業を外段取り作業に移す
③ 内段取り作業を短くする
④ 調整時間を短くする
⑤ 外段取り時間を短くする

改善後

段取り替え短縮

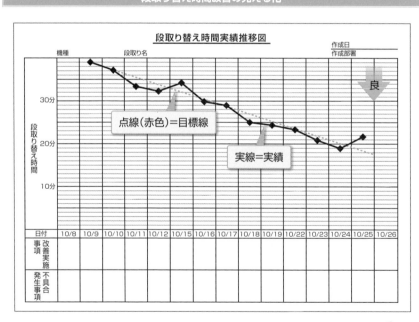

段取り替え時間改善の見える化

段取り替え時間実績推移図

点線（赤色）＝目標線

実線＝実績

3-14
自主保全でロス削減
──Machine③

突発修理の事後保全（ブレークダウン・メンテナンス）を無くし、計画保全・定期メンテナンスの比率を高めます。

▶▶ 予防保全で災害ゼロ、不良ゼロ、故障ゼロを図る

生産保全**TPM**（Total Productive Maintenance）における自主保全で**予防保全**に努めます。

自主保全の進め方は、以下の通りです。

---

①**初期清掃**：設備本体のごみ・汚れを除去する。不要なものを撤去する。

②**発生源・困難箇所対策**：発生源対策・飛散防止対策をする。清掃困難箇所を改善し時間短縮する。

③**自主保全仮基準の作成**：潤滑技能教育・総点検をする。決められた時間で清掃給油ができる基準をつくる。潤滑管理体制をつくる。

④**総点検**：点検技能を教育する。総点検する。点検方法・設備を改善する。決められた時間で点検ができる基準をつくる。

⑤**自主点検**：自主保全基準・カレンダーをつくり設備を対象にした活動の総仕上げを行なう。基準を守り日常保全する。故障をゼロにする。

⑥**標準化**：不良を流さない／つくらない活動をする。工程・設備で品質を保証し不良ゼロをめざす。

⑦**自主管理の徹底**：現在のTPMレベルを維持・改善・継承する。

生産保全TPM（Total Productive Maintenance）

TPM展開の8本柱	自主保全
	個別改善
	計画保全
	品質保全
	初期管理
	管理・間接効率化
	教育訓練
	安全衛生

突発修理の事後保全（ブレークダウン・メンテナンス）を無くし、計画保全・定期メンテナンスの比率を高める

▶▶ 保全と劣化対策

保全では、

> ・劣化を防ぐ（給油・取替え・調整・清掃）
> ・劣化の測定（良否検査・傾向検査）
> ・劣化の回復（予防修理・事後修理）
> ・改良保全（再発防止）

などに努め、保全カレンダー、**自主保全管理板**（**PM進行管理板**）、予備品管理の見える化、保全技能の向上などで劣化対策を行います。

保全と劣化対策

保全

劣化を防ぐ
（日常保全）
- 給油
- 取替え
- 調整
- 清掃

保全カレンダー

自主保全管理板

劣化の測定
（検査）
- 良否検査
- 傾向検査

予備品管理

劣化の回復
（修理）
- 予防修理
- 事後修理

保全技能

改良保全
- 再発防止

▶▶ 日常保全

日常保全も見える化します。

- **給油**：膝から上の高さで腰をかがめないでできるよう給油箇所を**ベストポイント化**する。その上で、**給油位置・頻度・油種**などを見える化する。
- **取替え**：刃具・チップなどの定期的な**交換・取替え**は、頻度やタイミングを予め設定し、今回の交換日、次回の交換予定日も表示し、予定日が近づけば誰もが気づく工夫をする。
- **調整**：メンテナンス項目を毎日行うもの〜週1回〜月1回というように頻度で区分し、各項目が実施できたかどうか誰でも分かるように自主保全管理板などで見える化する。

取り換えの見える化

チップ交換要領

チップ種類	Φ16ドリームチップ
交換頻度	50台でチップ交換
1日使用量	8個
ドレス／交換	交換

日常保全の見える化

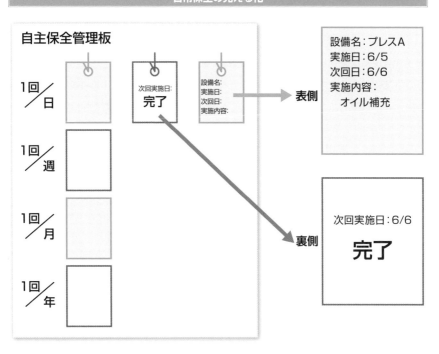

工程能力を見える化する
——Machine④

ボトルネックを、工程別能力表を用いて見える化します。

▶▶ 能力の平準化

　　いくつかの工程や機械加工を経て完成品が加工される場合、各工程（設備）の生産能力にはバラツキが生じます。それらバラツキがあるために設備能力のムダが出ます。例えば、パイプの直径が、工程A＝80cm、工程B＝100cm、工程C＝60cm、工程D＝40cmという中で、モノを流せば最小径の工程D＝40cmが制約条件（ボトルネック）となり、他の工程はいくら能力があってもそれは余剰でしかなく、滞留が生じ在庫を生んでしまいます。そこで、C・D工程を80cmまで能力増強し、逆にB工程を80cmまで減少させ、工程A～Dの4工程とも同じ径の80cmにすれば、モノが滞留なくスムーズに流れるようになります。

　　ボートレースの場合でも一人だけ能力がたくさんあってオールを早く漕いでも、ボートは速く進まないように**個々の能力より全体の効率**が求められます。これが**能力の平準化**であり、ボトルネックとなるネック工程を見える化する道具が**工程別能力表**です。工程別能力表は、各工程の生産能力を定時間で最大何個加工できるかを明示し、ネック工程を明らかにすることでその工程の生産能力を上げるための改善の手がかりとします。受注数と生産能力をチェックしながら、改善箇所に必要な手当てや調整を行っていきます。

第3章

4Mを見える化する

設備能力の平準化

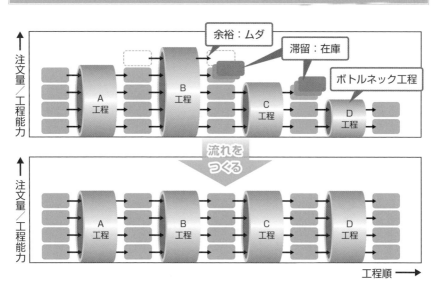

余裕：ムダ

滞留：在庫

ボトルネック工程

↑
注文量／工程能力

A工程　B工程　C工程　D工程

流れを
つくる

↑
注文量／工程能力

A工程　B工程　C工程　D工程

工程順 ⟶

個々の能力より全体の効率

● ボートレースの例

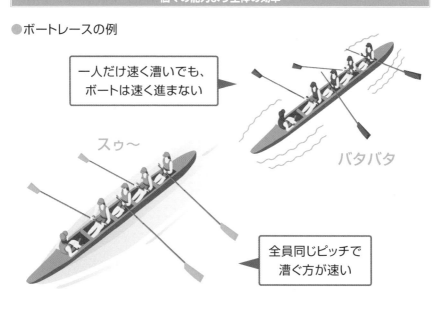

一人だけ速く漕いでも、
ボートは速く進まない

スゥ～

バタバタ

全員同じピッチで
漕ぐ方が速い

▶▶ 工程別能力表の作成

工程別能力表は、以下の手順で作成します。

①**工程名称を記入する**

②**機番を記入する**

③**基本時間を記入する**

　・**手作業時間**：作業者が機械へのワーク脱着などを行う手作業時間（歩行時間は含まない）

　・**自動送り時間**：機械の起動からワーク加工後各装置が原位置に復帰し各部位が停止するまでの時間

　・**完成時間**：機械ごとに部品を加工完了するのに必要な時間（手作業時間＋自動送り時間）

④**刃具交換を記入する**

　・**交換個数**：何個加工したら取り替えるかの基準数

　・**交換時間**：刃具を取り替える1回当りの必要時間

⑤**加工能力を記入する**

　・**加工能力（直当り）**：機械（工程）ごとの最大加工能力数

　・加工能力（直当り）＝1直の稼働時間÷（1個当り完成時間＋1個当り刃具交換時間）

　・カッコ内には、工程（ライン）全体でのネック工程（機械）の加工能力を記入する

⑥**備考欄を記入する**

　・**手作業時間**：実線

　・**自動送り時間**：点線

　・**完成時間**：トータル時間

工程別能力表

									新·改　年　月　日　／　ページ	
職長	組長	工程別能力表	品番	ABC=123	型式			所属 CS	氏名 石川	
			品名	CSボックス	個数	500				

NO	工程名称	機番	基本時間			刃具		加工能力 (525)	備考 [図示時間 手作業— 自動送---]	
			手作業時間	自動送時間	完成時間	交換個数	交換時間			
1	切断機	C001	11	17	28	300	120	908	——------28	
2	穴あけ工程	A001	9	18	27	100	200	863	——-----27	
3	乾燥工程	P001	7	45	52	600	300	525	——--------------52	

27600 ÷ (28+120÷300)＝971
27600 ÷ (27+200÷100)＝951
27600 ÷ (52+300÷600)＝525

定時内で525個しか加工能力のない乾燥工程がネック工程となる

1直の稼働時間=7時間40分=27,600秒

3-16
設備の生産性を見える化する
──Machine⑤

設備の生産性を測るモノサシを見える化し、「今」を管理します。

▶▶ 設備効率を阻害する7大ロスのモノサシ

　例えば、負荷時間（計画停止時間を除いた操業時間）550分、ロス時間計35分→その内訳として、①故障ロス時間5分、②段取り調整ロス時間13分、③刃具交換時間1分、④立上げロス時間4分、⑤チョコ停ロス時間3分、⑥速度低下ロス時間0分、⑦不良手直しロス時間9分、投入加工数210個、うち良品数185個とした場合、

- **時間稼働率**

  負荷時間の中でどれだけ設備が稼働していたかという割合。停止ロスの割合を見る。

  計算式＝｛負荷時間－（故障ロス＋段取調整ロス＋治具交換ロス＋立上ロス）｝÷負荷時間×100

  例えば、｛550－（5＋13＋1＋4）｝÷550×100＝95.8%

- **性能稼働率**

  稼働時間の中でどれだけ正味稼働していたかという割合。性能ロスの割合を見る。

  計算式＝｛稼働時間－（チョコ停ロス＋速度低下ロス）｝÷稼働時間×100

  例えば、｛515－（3＋0）｝÷515×100＝99.4%

- **良品率**

  投入した材料の中でどれだけ良品がとれたかという割合。不良ロスの割合を見る。

  計算式＝良品数÷投入加工数×100

  例えば、185÷210×100＝88.1%

となります。

▶▶ 設備総合効率

設備の生産性のモノサシは、その掛け算で、

時間稼働率×性能稼働時間×良品率＝設備総合効率

として見える化します。

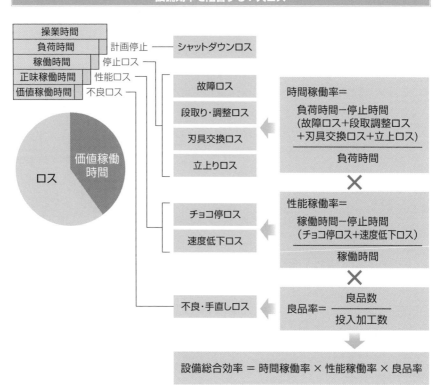

やり方・方法の見える化と改善
──Method①

人によるやり方・手順・方法・スピードのバラツキをなくし、標準化します。

▶▶ 標準のないところに改善はない

　各作業者が自分の好き勝手なやり方・手順で仕事を行えば、間違いや不良品をつくるリスクが高まります。また、手際よく早く仕事ができる人と戸惑いながら遅くなってしまう人も出てきます。このような人による品質や生産性のバラツキをなくし、誰が行っても**楽に・早く・安全に・仕損じのなく**できるように決めて守らせます。それが、**標準化**です。

　標準化の進め方は、

> ①**Standard**：標準を決める
>
> ②**Do**：その通り作業者に守らせる
>
> ③**Check**：作業者が標準通りに作業しているかよく観察する
>
> ④**Action**：標準と異なる動きをしている作業者を見出し指導する

というように**SDCAサイクル**を回します。

　標準通りにできなければ、そこに何らかの要因が潜んでいることになりますので、作業者を一旦決めた標準に無理やり合わせるのではなく、環境や仕事に応じて常に見直し、柔軟に標準を変更していくことも必要です。

▶▶ 標準化は双方向で行う

　標準化は、

> ・やり方・手順・方法
>
> ・つくるスピード

の両面から進めます。

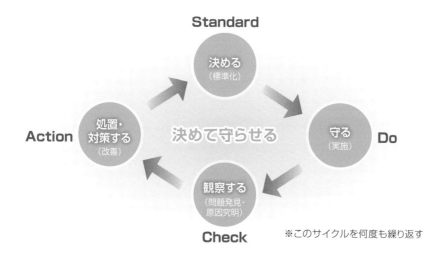

標準のないところに改善はない

Standard

決める
(標準化)

決めて守らせる

守る
(実施)

Action 処置・対策する (改善)

Do

観察する
(問題発見・原因究明)

Check

※このサイクルを何度も繰り返す

標準化は双方向で

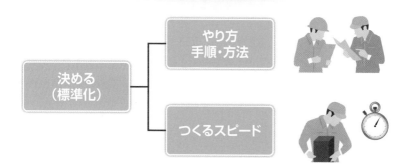

「やり方・手順・方法」だけでなく「つくるスピード」も決める

決める
(標準化)

やり方
手順・方法

つくるスピード

3-18
標準作業の見える化
——Method②

標準作業の作成から、人によるやり方・手順・方法・スピードのバラツキを排除します。

▶▶ 標準作業

標準作業とは、人の動きを中心として、ムダのない効率的な生産を行う作業のやり方のことです。つくり方のルール（原則）を明確化し、改善の道具にするためのものです。

よく似た言葉で、**作業標準**というのがありますが、これは標準作業を行うための諸標準の総称であり、作業要領書、作業条件表、QC工程表、品質チェック表などのことを指すので、区別します。

標準作業の構成は、下から

---

①**基本知識**：安全、品質、生産面での基本的な知識・ノウハウ

②**基本技能**：作業を行う上で必要な基本的な技能・スキル

③**要素作業**：一連の標準作業をいくつかの細かな要素に分解した作業

④**標準作業**：一つのまとまった一連の作業

となります。

標準作業の作成は、①基本知識と②基本技能が既に備わっている人材を対象として、③要素作業をベースに行っていきます。基本知識や基本技能の解説から始めたのでは手順書が膨大なものになってしまいます。

▶▶ 標準作業の3要素

標準作業の前提条件としては、

①人の動きを中心としたものであること

②繰り返し作業であること

という２つがあり、その構成要素として、

- **作業順序**：作業者が一番効率的に良品の生産ができる人の作業の順序（≠工程の順序）のこと
- **標準手持ち**：作業順序に従って作業をしていく時に繰り返し同じ手順・同じ動作で作業ができるように工程内に持つ最小限の仕掛品のこと
- **タクトタイム**：1個（台）どれだけの時間でつくればよいかという標準時間のこと

の３つがあります。

　これらを**標準作業３票（3点セット**＝標準作業票・標準作業組合せ票・工程別能力表）で標準化します。

第3章　4Mを見える化する

標準作業の構成

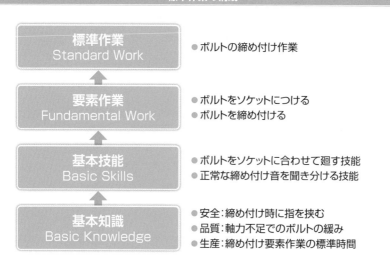

標準作業 Standard Work	● ボルトの締め付け作業
要素作業 Fundamental Work	● ボルトをソケットにつける ● ボルトを締め付ける
基本技能 Basic Skills	● ボルトをソケットに合わせて廻す技能 ● 正常な締め付け音を聞き分ける技能
基本知識 Basic Knowledge	● 安全：締め付け時に指を挟む ● 品質：軸力不足でのボルトの緩み ● 生産：締め付け要素作業の標準時間

3-19
やり方・手順・方法の標準化
——Method③

標準化には、「やり方・手順・方法」と「つくるスピード」の双方向がありますが、ここでは前者からご説明いたします。

▶▶ やり方・手順・方法を作業手順書・作業要領書で標準化する

作業の標準手順を明確にし、着眼点・急所・異常処置などを明らかにします。ルールを決め標準通りに作業を行うことができるように指導し、新入社員や外国人労働者などの不慣れな作業でもバラツキがなく作業できるようにします。Know-Howだけでなく、**Know-Why**まで説明するようにします。

▶▶ 作業手順書

作業手順書は、楽に・早く・安全に・仕損じのない（正否・安全・やりやすい）やり方を記したものです。作業の手順と急所を書き、監督者が作業者に指導します。

作成のポイントは、

> ・手順は短い文章で簡潔にする
> ・つくる製品の機能（働き）を考える
> ・過去の不具合の再発防止を織り込む、異常処置を入れ込む
> ・手順書に不具合があったら改訂する

ということで、写真などを入れると分かりやすくなります。通常はライン側（サイド）に置き、必要に応じて取り出しながら使用し、不具合があれば常に見直します。

▶▶ 作業要領書

作業要領書は、作業手順書の中で特に重要なポイントを抜き出したものです。不良の発生しやすい箇所や作業手順の勘所を要領よくまとめ、異常が起きた時の処置の仕方などを記入します。

作成のポイントは、

- 作業手順書の中から重要なポイントを入れる
- ミドリ＋印の右に安全に関する注意事項を入れる
- 過去の不具合の再発防止を織り込む
- 作業要領書は作業者の見やすい所に掲示する

ということで、ラミネートなどでビニールコートし、作業者の目に付く場所に掲示して常に注意を喚起させながら活用していきます。

作業手順書と作業要領書の使い方

●作業手順書
監督者が指導時に取り出して、手順や急所を説明する。

●作業要領書
ラミネートで加工し作業者の目に付く場所に掲示し注意を喚起する。

作業手順書

作業名	底蓋組み付け作業	ライン名	組み付けBライン	職長	組長	班長	作成日	××年3月3日
		工程OR機番	B-6				作業要領書No.	b-6-1
							作業手順書No.	B-6-1

	作　業　手　順	急　所
1	部品箱(a·b)より左手で本体(a)、右手で底蓋(b)を取る	部品箱a:M4ビスA、部品箱b:M4ビスB
2	本体・底蓋をガイドに合わせて組み付ける	
3	上記2を作業台治具にセットする	
4	M4ビスAを磁気付きドライバービットにセットし、	底蓋に対し、垂直にセットする
	ネジ穴①へ挿入・組み付ける	締め付け完了ブザーが鳴るまで締め付ける
5	上記4を繰り返す	
6	M4ビスBを磁気付きドライバービットにセット後、	
	長さ検査機に挿入し青色ランプの点灯を確認する	
7	M4ビスBをエアードライバーで締め付ける	締め付け完了ブザーが鳴るまで締め付ける
8	ワークを部品箱(c)へ入れる	

ビスA　ビスB

本体　底蓋　取り付け後

品質確認(詳細はQC工程管理表による)
- エアードライバートルク確認:1/直　始業時、チェックシートNO.B-6-1b
- 長さ検査器マスター合わせ:1/直　始業時、チェックシートNO.B-6-1c
- M4ビス締め付けトルク確認:1/100M4ビスA·B　チェックシートNO.B-6-1a

✚ 止める・呼ぶ・待つ

記号	年月日	記事	職長	組長	班長

処置と異常　異常を発見したら、直ちに上司に連絡のこと

作業要領書

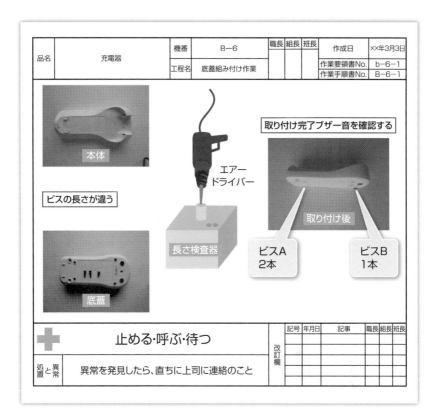

品名	充電器	機番	B−6	職長	組長	班長	作成日	××年3月3日
		工程名	底蓋組み付け作業				作業要領書No.	b−6−1
							作業手順書No.	B−6−1

本体

ビスの長さが違う

底蓋

エアードライバー

長さ検査器

取り付け完了ブザー音を確認する

取り付け後

ビスA 2本

ビスB 1本

止める・呼ぶ・待つ

異常と処置　異常を発見したら、直ちに上司に連絡のこと

改訂欄	記号	年月日	記事	職長	組長	班長

3-20
標準通りにできるように指導する
——Method④

作業手順書・作業要領書で作業をきちんと教える。

▶▶ 作業手順書・作業要領書の活用

　　ISOがあるから手順書はつくったが、文字ばかりで全く活用していないというようなことを耳にします。活用させるためには、写真や過去の不具合の再発防止を織り込みながら何度も改訂していくことが大切です。

　　手順書作成のステップは、

---

①**準備**：目的、作成体制、規定要求の明確化

②**手順設計**：要求を満たす作業の設計

③**作業支援設計**：作業のミスとムリ・ムダ・ムラを減らす仕掛けやツールの設計

④**トライアル評価**：やってみて直し、実践の知恵や急所を反映

⑤**ツール整備**：手順書の作業を定着させるための仕掛けやツールの整備

というように進めます。

　　また、昨今ではタブレットなどITツールで動画や連続写真で行なうことも活発になってきていますので、自社に合った作成や活用の仕方をしていけばよいと思います。

▶▶ 仕事を教える

　　仕事の説明と教えるは異なります。一方的に口頭で説明するのではなく、手順書を用いて急所やポイントを丁寧に教え分かったと分かるまで面倒を見て一人前に仕上げます。

　　仕事の教え方には、**TWI-JI**の手法を用いて、4つのステップで行ないます。

① 習う準備をさせる

② 作業を説明する（確実に辛抱強く教える）

③ やらせてみる（やらせてみて確認する）

④ 教えた後を見る（面倒をみて一人前に仕上げる）

仕事の教え方

**TWI-JI
（仕事の教え方）**

Step 1　習う準備をさせる

- 気楽にさせる（心の準備をさせる）
- 何の作業をやるかを話す
- その作業について知っていることを話させる
- 作業を覚えたい気持ちにさせる
- 正しい位置につかせる

Step 2　作業を説明する（確実に辛抱強く教える）

- 主なステップを一つずつ言って聞かせてやってみせ書いてみせる
- 急所を説明する
- はっきりとぬかりなく根気よく
- 理解する能力以上にしない

Step 3　やらせてみる（やらせてみて確認する）

- やらせてみて違いを直す
- やらせながら作業を説明する
- もう一度やらせながら急所を言わせる
- 分かったと分かるまで確かめる

Step 4　教えた後を見る（面倒をみて一人前に仕上げる）

- 仕事につかせる
- 分からぬ時に聞く人を決めておく
- たびたび調べる
- 質問するように仕向ける
- だんだん指導を減らしていく

3-21
つくるスピードの標準化
——Method⑤

標準化には、「やり方・手順・方法」と「つくるスピード」の双方向がありますが、ここでは後者をご説明いたします。

▶▶ 作業者任せにしない

機械が主体でマシンサイクルタイムでない作業は、今日は仕事量が少ないからゆっくりやろう、仕事量は多いけど定時に帰りたいので頑張って早くやろう、というように自分でスピードをコントロールしやすくなります。

例えば、

- 準備作業
- 単独手作業
- 段取り替え作業
- 検査・梱包作業
- 始業終業作業

などがこのような**作業者任せ**になりやすい作業と言えます。

そこで、このような作業に対し、**つくるスピード＝原単位**を決めます。例えば、材料を調合する作業で、大袋8分、中袋5分、小袋3分と大まかな作業時間を決めます。そうすれば、今日の仕事が大20袋、中40袋、小30袋あるとすれば、作業時間は450分という標準時間が見える化され、定時が480分とすれば30分の余裕時間が生まれるので掃除に充てようというような計画ができます。

作業者任せにしない

・準備作業
・単独手作業
・段取り替え作業
・検査・梱包作業
・始業終業作業　等

今日は物量が
少ないから、
ゆっくりやろう

つくるスピードを決める ＝ 原単位

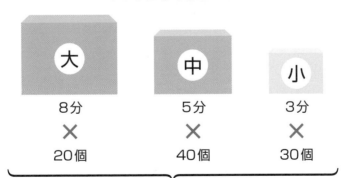

大	中	小
8分	5分	3分
×	×	×
20個	40個	30個

今日の作業予定時間　450分

※定時480分であれば、30分余裕時間が生まれる。

▶▶ つくるスピード

つくるスピード＝**原単位**として、1個（台）どれだけの時間でつくればよいかという標準のスピードを**タクトタイム**で表します。例えば、1日の定時稼働時間480分、日あたり平均必要量8個とすれば、

タクトタイム＝1日の定時稼働時間÷日あたり平均必要量

＝480分÷48個＝10分／個

となり、10分に1個ずつつくることが標準となります。

▶▶ 作業者につくるスピードを意識させる

つくるスピードを決めたら、それを作業者に意識させることが大切です。**生産達成アンドン**や**差し立て板**などを用いて、自身が予定に対し、今遅れているのか進んでいるのか認識させ、進捗を管理します。

つくるスピード

タクトタイム： 1個（台）どれだけの時間でつくればよいかという標準
のスピード。

> タクトタイム（つくるスピード）
> ＝1日の定時稼働時間÷日あたり平均必要量
> ＝480分÷48個＝10分／個

標準のスピードを
設定する

作業者にスピードを意識させる

標準スピードでつくられているか管理する

第3章　4Mを見える化する

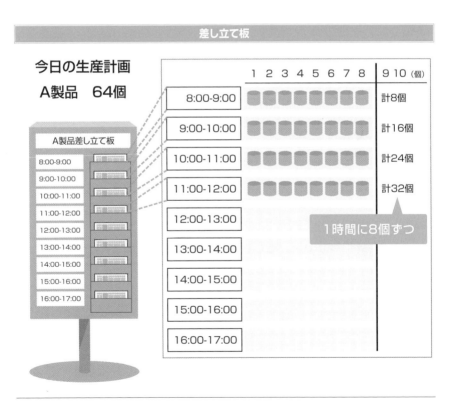

3-22
つくるスピードの生産性を見える化する——Method⑥

標準時間と実績時間の差を見える化し、改善を行います。

▶▶ タクトタイムとサイクルタイム

タクトタイムは、1個（台）どれだけの時間でつくればよいかというつくる標準スピードですが、これをそのまま標準時間としてしまえばきつくて難しい場合も生じます。そこで、**実行タクトタイム**として、余裕率を掛けたり、残業時間やライン効率を加味したりして、実際到達可能なスピードになるよう下駄を履かせます。

▶▶ 作業効率

作業効率は、タクトタイム（標準時間＝基準サイクルタイム）とサイクルタイム（実績時間＝実績サイクルタイム）の割合であり、計算式は、

タクトタイム÷サイクルタイム＝基準完成時間÷実績完成時間

となります。

例えば、ある製品をタクトタイム1個120秒で投入加工数120個とすれば、

基準完成時間（ある製品を何分で作るかという標準時間）は、

タクトタイム120秒×120個＝14.400秒＝240分

となります。

これに対し、サイクルタイムが、1個140秒であれば、タクトタイムより20秒オーバーが分かり、

実績完成時間（その製品を実際何分で作ったかという実績時間）は、

サイクルタイム140秒×120個＝16.800秒＝280分

となり、標準時間より40分オーバーしたことが見える化されます。

そこから遅れ進みのあった理由、例えば、不慣れな作業者が入った、設備トラブルでチョコ停が多かった、外注先の材料に不具合があった、などの理由をハッキリさせ、標準に近づける改善を進めていきます。

▶▶ 標準化の意義

標準化することで、**正常**が定義されます。この正常から外れたものが**異常**です。異常が分かることで、改善が進んでいきます。

標準化の意義

やり方・手順・方法の標準化　　つくるスピードの標準化

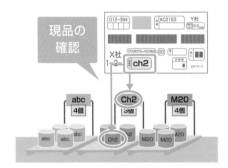

・準備作業
・単独手作業
・段取り替え作業
・検査・梱包作業
・始業終業作業　等

つくるスピードを決める
＝ 原単位

正常を定義する

正常から外れたものが「異常」で、異常がわかることで改善が進む

気づく　　　　異常と認知する　　　処置開始を決定する　　　処置する

3-23
原材料・購入品・資材の見える化と改善——Material①

使用頻度に応じて材料の置場を決め、ムダな運搬を無くし、スペースの有効活用を図ります。

▶▶ ABC分析

ABC分析で、使用頻度が高くよく使うものをAランク、時々しか使わないものをBランク、ほとんど使用しないものをCランクに区分します。そこから

> ・**Aランク品**：日常品として置場、在庫管理、発注管理などで管理する。
> ・**Bランク品**：保管品として倉庫などライン側から離れた場所で保管する。
> ・**Cランク品**：長期滞留品、死蔵品、所有者不明品、不良品などに分け、使用しないものは廃棄し、どうしても残しておきたいものは保管する。

というように分け、Aランク品を中心に管理を行っていきます。

▶▶ 材料・資材置場の管理

パソコンを開かなくても現地現物で在庫状況が分かるようにします。例えば、インキ缶の管理では、壁に最小値や最大値を描き、在庫管理、発注管理を現地現物で見える化します。

置場では、モノと品名・品番の情報が**情物一致**で誰でも分かるように表示します。

さらに、使用頻度に応じて、出入口に近い所やメイン通路に沿った所などの一等地から徐々に遠ざけていきます。最後に**ロケーションマップ**で全体像を見える化し、属人化を排除します。

ABC分析でランク分け

使用頻度からABCランクに分ける

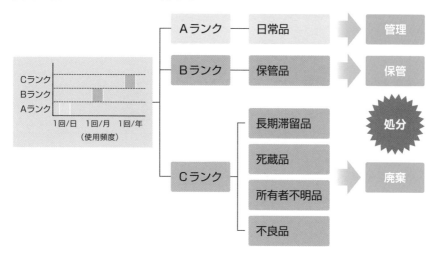

材料・資材置場の管理

現地現物で在庫状況を見える化する

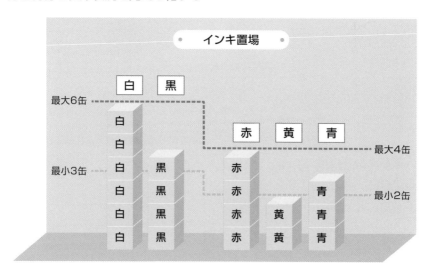

3-24
在庫管理を見える化する
——Material②

在庫管理でコスト（材料費）削減に努めます。

▶▶ 在庫を見える化する

原材料を減らすには、

- 保管場所をまとめる
- 発注量を小口化する
- 発注回数、運搬頻度を見直す
- 使用量を削減する
- 歩留り率、良品率を上げる

などの方法があり、Aランク品の中でモデルを決めて、在庫削減を行います。

▶▶ 大ロット注文＝低コストからの脱却

100個より1,000個買った方が安い単価になるということで、大ロット注文しがちですが、その結果、

- 材料、部品の先食いをする
- 電気、エアーなどの浪費をする
- パレット、箱、運搬車、リフト、スペース、倉庫代、管理費などが増加する
- 運転資金を圧迫する（キャッシュフローの悪化）
- 死蔵品、値下げによる損失を発生させる
- 帳簿在庫と倉庫在庫の不一致をおこす
- 仕掛けの優先順位がよく分からなくなる

などの悪さを生みます。

忘れてはいけないことは、単価より保管コストです。

保管コストは、**在庫管理費**として、

- **在庫金利**：材料購入費、外注費
- **保管場所**：倉庫などの賃料、固定資産税、保険料
- **運搬具、保管具**：リフト、台車、棚などの減価償却費、燃料費
- **労務費**：運搬、積み替え作業、記帳、棚卸
- **棚卸減耗**：物理的・社会的陳腐化

などがかかっており、通常総在庫量の20〜30%がこれに相当します。

　これらを加味すると仕入単価が安いということで購入しても、必ずしも得になるとは言えません。

大ロット注文＝低コストからの脱却

| 購入コスト | ＜ | 保管コスト |

 在庫金利　 保管場所

 運搬具・保管具

 労務費　 棚卸減耗

ブラックボックスになりがち

3-25
発注管理を見える化する
——Material ③

欠品や過剰在庫をすることがないように、発注を見える化します。

▶▶ 発注管理

欠品率を減らしながら適正在庫を維持していくには、発注量・発注点・リードタイム・安全在庫などを考慮し、**発注カード（信号かんばん）** などで自律的に管理します。これは発注点を安全在庫とリードタイムの関係から割り出し、発注点や発注状態をカードにより見える化することで発注忘れや過重発注を防止する仕組みとなります。

- **発注量**：1日あたりの平均需要量×在庫日数
- **発注点**：安全在庫量＋（1日あたりの平均需要量×リードタイム）
- **リードタイム**：発注から入荷までの時間（日数）
- **安全在庫**：1日あたり平均需要量が振れた際欠品にならないために持つ在庫
- **最大在庫量**：安全在庫＋発注量

▶▶ 発注情報管理

材料の在庫は、発注情報から生まれますので現状を見える化し改善を行います。
モデルを1つ取り上げ、

- **What（何を）**：製品名、主要材料名など
- **When（いつ）**：時間、間隔、頻度、回数、タイミング、リードタイム、便サイクル、生産計画サイクルなど
- **Who（誰が）**：発信部署、在庫管理者など
- **Where（どこ）**：仕入先、外注加工先、出発点、経由点、終着点、ルートなど

- **Why（なぜ）**：目的、理由など
- **Huw（どのように）**：情報媒体（コンピューター上のオンライン、指示伝票、かんばんなど）、情報が平準化されているか／まとめているか、発注方式（定時／定量）など
- **How much（どれだけ）**：製品生産量、材料使用量、発注ロット（単位）など
- **How much（いくらで）**：購入単価、ロット価格など

を調査します。

　例えば、製品名Ａ、主要材料名＝Ｘ、日当たり生産量＝100個（±20%）、収容単位＝50kg／袋、日当たり材料使用量＝150kg（3袋）、購入ロット＝1t（20袋）／パレット、購入単価＝300円／kg、リードタイム＝発注日＋2日（翌々日）、発注方式＝不定期定量発注、発注点＝平均使用量＋安全在庫＝10袋、月当たり材料費＝900,000円／3t、使用スペース＝8m²（2パレ分）、在庫管理者＝購買部などとなり、どこから改善するのか的を絞ります。

発注カード

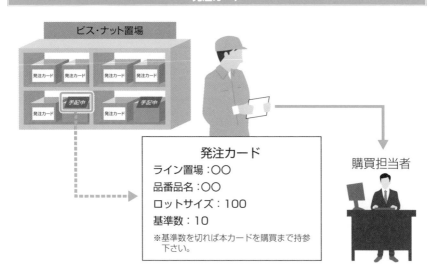

ビス・ナット置場

発注カード 発注カード　発注カード 発注カード
手配中　手配中
発注カード　発注カード

発注カード
ライン置場：○○
品番品名：○○
ロットサイズ：100
基準数：10
※基準数を切れば本カードを購買まで持参下さい。

購買担当者

現場改善の際の抵抗

　問題が見える化され、改善行動を促してもなかなか行動に結びつきません。その背景には、以下のような言葉に出ない抵抗が隠されています。

　①めんどうくさい
　②やり方が分からない
　③そんなものは役に立たない
　④自分はできないから上に言ってくれ
　⑤これ以上コストは下がらない
　⑥コストを下げれば品質は落ちる
　⑦他人や上からあれやれこれやれ言われるのは嫌だ
　⑧言われなくても問題は以前から分かっている
　⑨今のやり方をなぜ変えるのか
　⑩自分さえ分かっていればよいだろう
　⑪他社の成功事例は業種業界や規模の異なる自社には当てはまらない　など

　このような抵抗や企業文化・風土が根底にある限り、なかなか改善は進みません。「できない理由の説明より、やる方法を考える」というスタンスで、抵抗を取り除いていきます。

QCDSを見える化する

QCDSとは、製品における結果系（アウトプット）のアイテムのことで、

①**Quality**：品質

②**Cost**：コスト

③**Delivery**：納期

④**Safety**：安全

を指します。

それぞれ設計・製造（生産）・配送というように上流から下流への段階があり、これらの状況が見えないことで、不良品・原価高・納期遅延・労働災害などが発生し、顧客からのクレーム・赤字・ペナルティ・操業停止などの損害を生むことになります。

そこで、本章では、QCDSを見える化することにより、これらの損害を未然防止するアプローチについて解説いたします。

図解入門
How-nual

4-1
不適合品を見える化する
——Quality ①

工程内の不適合品を隠さず、顕在化させます。

▶▶ 品質管理の基本

品質管理の基本的な考え方は、

- 悪いものはつくらない（発生させない）
- 悪いものは流さない（流出させない）
- 万一不良が発生した時は、その範囲を特定する

ということで、不適合品を見える化することから始めます。

- **発生した不適合品**：赤箱（不良品置場）、NGタグ、工程内不良発生記録、日報な どで見える化する。
- **流出した不適合品**：客先クレームとして見える化する。

▶▶ 不適合品の管理

不適合品の管理は、以下のように行います。

①不適合の程度を評価する
②不適合製品を選別する
③不適合製品を識別、隔離する
④社内外の関係者に報告する
⑤不適合製品の処置方法を決める
　・**手直し品**：規格要求事項を満たすよう再加工する

・**特別採用品**：修理して、またはしないで特別採用とする

・**再格付け品**：再格付けして用途変更を行う

・**不良品**：廃棄する

⑥不適合製品を処置する

⑦真の原因を追究する

⑧改善策を実施する

⑨効果を確認する

⑩横展開を図る

特に、不適合品を手直しする場合は、

①不適合品を手直しする時は、監督者の指示に従う

②手直し方法については、修理手順書を作成し行う

③特に寸法精度に関する修正は検査スタッフの承認を得る

④手直ししたら初品を必ず確認する

⑤寸法精度に関する修正は検査課監督者の承認を得る

などの手順を明確にして行います。

不適合品の見える化

赤箱

工程内不良発生記録

4-2
良否を見える化する
——Quality ②

品質特性の判定基準を見える化し、人によるバラツキを排除します。

▶▶ 設計品質と製造品質

モノづくりの品質には、設計品質と製造品質があります。

> ・**設計品質**：ねらいの品質と呼ばれ、開発設計段階で要求される品質条件のこと
> ・**製造品質**：適合品質と呼ばれ、作業現場で起こるバラツキにより変動する品質
> 　を作業標準通りにつくること

であり、品質特性による判定基準を見える化します。

▶▶ 判定基準を見える化する

品質を保証するには、判定規準を明確にした上で検査目的に沿って行います。検査順序・判定基準・測定機器・サンプル数などの検査方法や検査担当者を**検査規格書**で見える化し、規格に基づいて検査を行います。

▶▶ 判定サンプルで見える化する

検査規格書で定量的に数値化できないような官能的な基準については、**標準見本**・**サンプル**・**限度見本**などを置き、現物と照らし合わせて検査を行います。

▶▶ QC工程表で見える化する

QC工程表は、材料購入から完成品出荷までの各段階での、管理特性や管理方法を工程の流れに沿って記載した表です。管理項目、管理水準、サンプリング、測定器・測定方法、記録方法などを製品ごとに一覧にします。

検査規格書

製品・部品番号○○○　製品名・部品名○○○　作成日○○　発行部署○○

工程番号	工程内容	検査方法								・・・
		品質特性	規格値	判定基準			測定機器	サンプル数		・・・
				上限公差	下限公差			大きさ	間隔	・・・
001	受入れ検査	長さ	100	102	98		ノギス	20	ロットごと	・・・
		厚み	5	5.2	4.8		ゲージ			

フロー図	工程名	機械・設備名	管理項目	管理水準	サンプリング	測定器・測定方法	記録方法	関連標準類	・・・
	外径削り	旋盤	外径寸法	±2	直開始ごと	ノギス	チェックシート	作業標準0035	
	内径仕上げ		内径寸法	±1	定時	限度見本	チェックシート	作業標準0040	

規格値
管理値

定時チェック
定量チェック
全数チェック

測定器管理
限度見本管理

第4章　QCDSを見える化する

4-3
品質は工程でつくり込む
──Quality ③

不良の発生源対策を工程で行ないます。

▶▶ 品質は工程でつくり込む

不良を減らすために厳重な検査を行っても、不良は減りません。工程内検査や最終検査（出荷検査）を厳しくすると、不良を見つける精度は向上しますが、不良そのものは減りません。不良を根本的に減らすには、品質は工程（加工・組立工程や作業）でつくり込むことをしなければなりません。

▶▶ ニンベンのついた自働化

ニンベンのない**自動化**は、人の手作業を効率追求するために動くことを機械化したものであり、不良があれば自動的に大量発生してしまうリスクがあります。一方、ニンベンのついた**自働化**は、止めることを機械化したものです。その原点は、豊田佐吉氏の発明品である自動停止装置つきの自動織機であり、横糸が切れればそこで機械が停止し、それ以降不良品をつくらない仕組みのものです。

品質は工程でつくり込む

異常発生　→　原因療法　→　対症療法

流出不良防止

ニンベンのない自動化

人の手作業

効率の
追求

動くことを機械化する

不良の
大量生産の
リスク

ニンベンのない自動化

ニンベンのついた自働化

動くことを機械化する

不良の
大量発生を
なくす

不良
発生

STOP

止めることを機械化する

ニンベンのついた自働化

　つまり、ニンベンのついた自働化には、人の知恵を機械にビルトインして良し悪しを判断させる機能が盛り込まれています。異常が起これば、機械が停止するのでそこで対処し、発生原因をつぶしていきます。

▶▶ 機械は異常で止まる、人は異常を見つけて止める

　異常があれば機械が止まり、問題が見えます。問題がはっきりすれば、そこから改善も進みます。人手作業による生産ラインでも、異常があれば作業者自身が**ラインストップを恐れずに**、ラインを止めるようにします。つまり、自働化は、問題点を見える化（顕在化）する手段とも言えます。

▶▶ 異常が分かる

　異常を知らせる道具が、**アンドン**です。アンドンは、光（ランプ）や音のサインで異常を知らせ、管理監督者がその処置を行ないます。つまり、アンドンは、不良発生・ライントラブル・部品不足・設備故障などの異常を管理監督者に知らせ改善行動をうながすための見える化ツールです。

> ①**呼び出しアンドン**：部品が無くなりそうな時に部品補充をしてもらうために「水すまし」などを呼び出すもので、呼び出し作業者の位置がランプで表示され、部品補充者は速やかに部品を補充する。
> ②**異常アンドン**：不良品の発生、工程内トラブル・設備故障などの異常が発生した時に管理監督者を呼び出すもので、管理監督者は異常に対処しラインが正常に戻るまで作業者の支援を行う。
> ③**稼動アンドン**：設備の稼動状態を表すもので、赤・黄・緑色の3色で表示される。例えば、赤色＝不良発生・設備故障・欠品・段取り替えなどでのライン停止、黄色＝部品補給依頼や管理監督者の呼び出し、緑色＝正常などの意味で使われる。

機械は異常で止まる

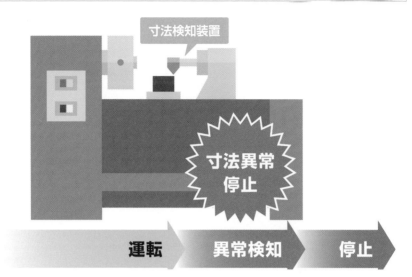

寸法検知装置

寸法異常
停止

運転　　異常検知　　停止

異常が分かる

アンドン

例えば、
赤色＝不良発生・設備
　　故障・欠品・段
　　取り替えなどで
　　のライン停止、
黄色＝部品補給依頼や
　　管理監督者の呼
　　び出し、
緑色＝正常

設備故障
段替
刃具交換
手直し
部品補給

光(ランプ)や音の
サインで異常を知ら
せる

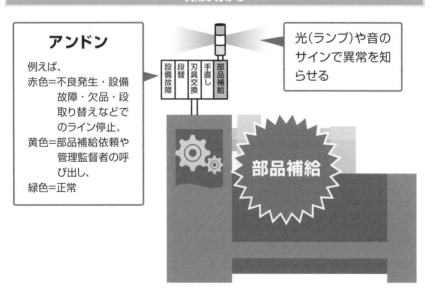

部品補給

4-4
源流で原因対策する
——Quality ④

発生原因は、製造現場だけでなく上流も巻き込んで根治療します。

▶▶ 1：10：100のルール

　IBMがロチェスター工場で生産していたAS400というコンピューターの品質ロスコストに関して分析した結果、設計開発段階でミスを発見し、工場での組立てに入る前に修正した場合のロスコストを1とすると、工場で組立てた後の出荷検査でミスを発見し市場に出る前に修正した場合のロスコストは13、市場に製品が出荷されてしまった後で市場で修正をした場合のロスコストは92となることが判明しました。ミスの発見場所によるロスコストは、

　設計開発段階：出荷検査段階：市場＝1：13：92≒1：10：100

となり、**1：10：100のルール**と呼ばれています。

　つまり、出荷検査で不良流出を防ぐことができれば、10のロスコストで済み、さらに、設計開発段階であれば1のロスコストで済むことになります。

　ミスを上流でつぶすためには、開発組織を見える化します。

1：10：100のルール

ミスの発見場所によるロスコストは、

開発設計段階：出荷検査段階：市場 ≒ 1：10：100

不良の原因となる上流工程にメスを入れる！

128

開発組織を見える化する

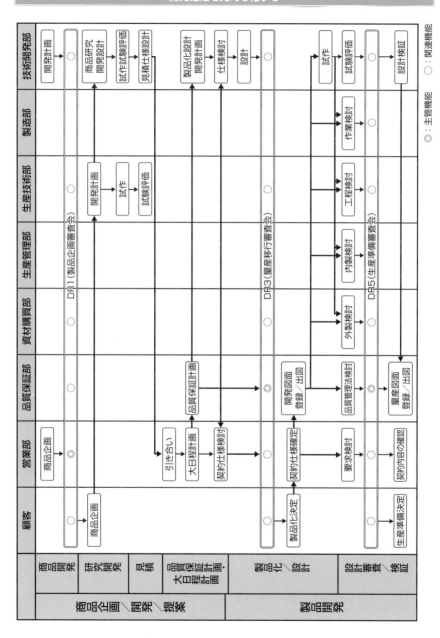

◎：主管機能　○：関連機能

第4章 QCDSを見える化する

▶▶ 源流管理

　源流管理は、企画→設計→開発→試作→量産試作→量産初期という段階の中で、量産してから問題が湧き出る構造をなくし、できるだけ初期の企画／開発段階で将来の危険性を予知しながら解決し、ロスコストを減らしていこうとする取り組みです。

　源流とは、

- **源**：おおもと、原因
- **原点**：価値の起源
- **上流**：プロセスの上位
- **早期**：時間のより早い段階

を意味し、QCDR（リスク）に係る問題・課題を上流で未然に発見し解決します。

▶▶ フロントローディング

　作業性、部品同士の干渉、品質、見栄えなど多くの問題は、量産が始まってから現れてきます。そこで、問題・課題や価値見極めを**学習の前倒し**として行います。それにより、最適品質特性の早期確保、適切で安価な生産準備の実践、維持管理体制（システム）の整備と維持などが可能となります。

▶▶ コンカレント・エンジニアリング

　品質の問題は、営業部、設計開発部、資材購買部、品質保証部、生産管理部など上流に根本的な原因が潜んでいることが多くあります。そこで、各部門が**機能横断**で一緒になって、**同時並行**で進めます。

フロントローディング

学習（問題・課題／評価見極め）の前倒し。

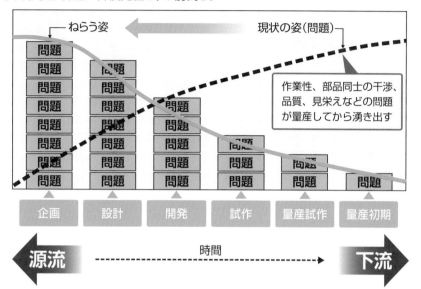

コンカレント・エンジニアリング

| 営業部 | 設計開発部 | 資材購買部 | 品質保証部 | 生産管理部 | 製造部 |

同時並行／機能横断

製品の開発プロセスを構成する複数の工程を同時並行で進め、機能横断で部門間の情報共有や共同作業を行なうことで、品質の問題点などをつぶす。

第4章
QCDSを見える化する

4-5
流出対策で品質を保証する
——Quality ⑤

後工程や顧客への流出を防止する

▶▶ 流出対策

工程内の不良は後工程がチェックするだろう、手直しをすればよいだろう、最終検査がはねてくれるだろう、ということで後工程に先送りされていけば、最終検査は選別に追われ、見逃せば客先クレームになってしまいます。常に**後工程はお客様**という意識を持ち、流出対策します。

流出対策には、

- (狭義) 製造工程の最後に検査工程を設けて、不良品を流出させなくする方法
- (広義) 機械設備の整備不良による加工精度の悪化、部品や材料の精度・純度、人の作業のバラツキによる不良品の発生を防ぐ方法

があります。

▶▶ 品質保証

品質保証の基本的な考え方は、

- 機械ごとにチェックする
- 一定個数で機械停止し品質チェックする
- 整流にして履歴が分かるようにする
- 先入れ先出しを行う
- 同じ条件で繰り返しつくる

などであり、原因追求の原則として、

- 三現主義（現地・現物・現認）
- 1個流し生産で作業直後に分かる
- 加工順・履歴が分かる

などがあります。

▶▶ 全数保証とロット保証

　品質保証では、全数保証（全数検査により全数が良品であることを保証するもの）が理想ですが、限られた時間とコストの中では、**定時**や**定量**でロット保証（前回検査したものから今回検査したものまでが良品であることを保証するもの）を行い、**記録**や**残置品**で残します。

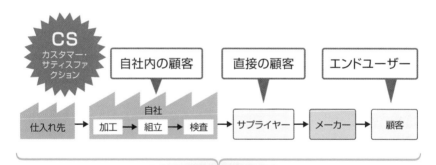

後工程はお客様

それぞれに後工程がある

4-6
ロット保証で不良を流出させない
——Quality⑥

初品・初物〜終物の管理で、ロット保証します。

▶▶ 初品管理

初品とは、

---

① **新規設計品**：新しく設計されたもの

② **設計変更品**：マイナーチェンジ・メジャーチェンジによる設計変更されたもの

③ **工程変更**：新工程設置、設備機械の新設・改造、型・刃具・治工具の新設・改造、材料部品メーカーの変更、加工組み付け方法・条件の変更、鍛造・鋳造・洗浄・塗装・溶接・成形・焼結の方法・条件の変更されたもの

を指します。

初品が流れる時には、**初品確認ルール**をつくり見える化するとともに、工程変更計画部署が社内**工程変更計画連絡書**にて各工程に連絡し、重点的検査を行います。

▶▶ 初物管理

初物とは、日常の生産活動の中における作業初めの製品を指し、それを検査し良品であることを確認することにより、それ以降同じ条件で生産される製品の品質を保証します。

作業初めとは、

---

①朝、昼、直の始業時

②作業者交代時

③刃具・治工具の調整・交換時、段取り替え時

④設備機械の調整時

---

⑤加工組み付け条件（圧力：温度・濃度・電力・速度など）を基準内で調整した時

を指します。

　初物が流れる時には、工程検査員に見える化し、そこでつくり込まれる品質項目を連絡し、漏れのない検査を行います。

▶▶ 終物管理

　終物とは、作業終了の製品を指し、作業終了時製品の品質を保証することで、今日1日同じ条件で製品が生産されたことを保証します。**工程チェックリスト**などで記録を取り、管理します。

初品管理

初品確認ルール（例）

内製品	購入品
・初品測定項目を選定する（品質チェック標準書） ・信頼性試験の可否を決定する ・初品○○個を精密測定する ・規格に満足しない時は監督者に連絡する ・重要品質不具合（ライン稼動に影響する場合など）は速やかに監督者に連絡する	・初品納品時に初品明示エフ、初品測定結果報告書が添付されていない時は、ロット不合格とする ・初品○○個を精密測定する ・不良時は、速やかに仕入先へ連絡する

終物管理

品質記録を見える化し対策する
——Quality ⑦

データの収集〜加工〜分析から、発生原因と流出原因に対する改善を図ります。

▶▶ 統計データ

品質管理（Quality Control）は、事実に基づく管理です。そのためには、品質記録などからデータを収集し整理しなければなりません。そのステップは、

---

① **目的の明確化**：市場分析、製品開発、耐久性予測、安全性評価、品質確保、改善など

② **データ項目の決定**：データの種類として、計量値（長さ、重さ、強度、使用量、時間、湿度など）や計数値（不良率、不適合率、欠席率、出勤率、不良個数、不適合個数など）

③ **データ収集方法**：例えば、尺度＝不良個数、測定方法＝目視チェック、測定範囲＝8月1週目の5日間、測定者＝Aライン検査員など

④ **母集団とサンプル**：統計的計算に基づく抜き取り数、片寄がなく、精度の最小化となるもの

⑤ **データの整理**：平均、バラツキ、時系列、層別

となります。

その結果、5METなどで**層別管理**すれば、例えばC製品の不良率が高く、工程別では組立の不良率が高いと分かるので、それを対象にします。

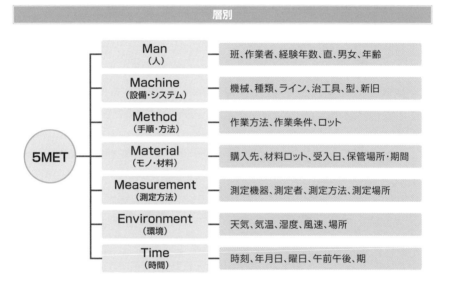

品質管理

QC Quality Control 品質管理	データ収穫 ▶	問題に気づく
	データ加工 ▶	原因が分かる
	データ分析 ▶	問題の解決

層別

5MET

Man（人）	班、作業者、経験年数、直、男女、年齢
Machine（設備・システム）	機械、種類、ライン、治工具、型、新旧
Method（手順・方法）	作業方法、作業条件、ロット
Material（モノ・材料）	購入先、材料ロット、受入日、保管場所・期間
Measurement（測定方法）	測定機器、測定者、測定方法、測定場所
Environment（環境）	天気、気温、湿度、風速、場所
Time（時間）	時刻、年月日、曜日、午前午後、期

層別管理

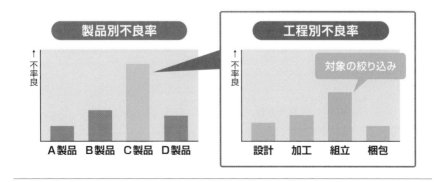

製品別不良率

不良率 ↑

A製品 B製品 C製品 D製品

工程別不良率

不良率 ↑

対象の絞り込み

設計 加工 組立 梱包

▶▶ データの見える化

QC7つ道具などを用いて、データ加工で原因究明し、データ分析から問題の解決を図ります。

QC7つ道具は、以下の通りです。

---

① **チェックリスト**：目的とするデータを正確に取るためにつくられたもので、日々の作業の中に隠れている実態を明確にするために項目を設けてデータを記録するツール。

② **特性要因図**：問題となっている特性（結果）に対する要因（原因）を明確にするもので、問題の因果関係を整理し原因を追求するツール。

③ **散布図**：2種類のデータにおける相互の関係を明確にするもので、2種類のデータをX軸とY軸の交点でプロットし相関関係があるかないかを見るツール。

④ **グラフ**：量の大きさ、割合の比較、時系列的変化、項目間のバランスを見るもので、簡単に作成できて目で見て分かりやすく要点が理解されやすいツール。

⑤ **パレート図**：重要視しなければならない現象や原因を明確にするもので、労力と成果／投入と結果といったパレートの法則に則った関係性を見えるようにするツール。

⑥ **ヒストグラム**：データのばらつきの状況を把握し、規格に対する収まり具合、バラツキの広がり・偏り・中心、異常データなどから工程の異常を見つけるツール。

⑦ **管理図**：工程が安定した状態にあるか日常的に把握するもので、データのバラツキから、自然のバラツキと異常のバラツキを見つけるツール。

QC7つ道具

チェックシート

加工不具合発生記録チェックシート

	月日	6/1	6/2	6/3	6/4	6/5	計
	記録者	佐藤	山田	佐藤	山田	佐藤	
1	はね	/		///		/	6
2	まくれ	//			/	//	8
3	かすれ	///	/			//	8
4	そり	/				//	6
5	ずれ	///		//		///	10
	計	11	5	8	6	8	38

散布図

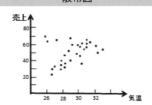

パレート図

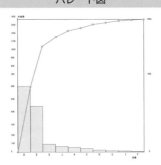

管理図

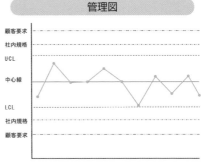

グラフ

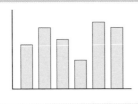

ヒストグラム

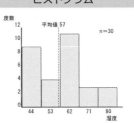

特性要因図

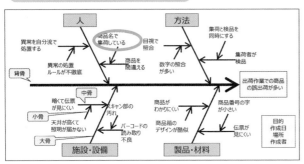

4-8
原価を見える化する
——Cost①

原価は、製造原価・販売費・一般管理費から構成され、製造現場では製造原価を把握します。

▶▶ 製造原価

原価は、以下のように分類できます。

- **製造原価**：製品の製造活動により要した原価（材料費、労務費、製造経費など）
- **販売費**：販売活動に要した原価（販売員給料、広告宣伝費など）
- **一般管理費**：一般管理活動に要した原価（減価償却費、本社労務費など）

製造現場では、この中でも製造原価に注視しなければなりません。

製造原価を形態別分類にすると、

- **材料費**：製造に使用する材料、部品などを消費したことで発生する原価（原材料費、買入部品費など）
- **労務費**：人材を雇用することで発生する費用（製造部門の賃金、法定福利費など）
- **経費**：材料費、労務費以外の製品の製造に要した費用（減価償却費、水道光熱費など）

また、製品との関連による分類にすると、

- **製造直接費**：材料費などにみられる製品との対応関係が明白な製造原価（主要材料費、直接作業時間、外注加工費など）
- **製造間接費**：複数の製品に共通に消費されるなどの理由で、製品との個別対応

計算ができない製造原価（補助材料費、工場消耗品費、間接作業時間賃金、工場長・スタッフの給料、減価償却費、水道光熱費など）

というように分けられ、整理すると、以下の通りになります。

	製造直接費	製造間接費
材料費	直接材料費	間接材料費
労務費	直接労務費	間接労務費
経費	直接経費	間接経費

▶▶ 原価低減

例えば、原価@700円に利益@300円を確保したいので売価@1,000円にして販売する「売価＝原価＋利益」方式（@1,000円＝@700円＋@300円）では、競合他社などの市場価格がその価格では高すぎて売れないということが起こります。

そこで、原価低減の基本的な考え方として、市場価格@800円であれば、自社の売価も@800円とし、そこから利益@300円確保したいのであれば、原価@500円まで低減しなければいけません。つまり、「**利益＝売価－原価**」方式（@300円＝@800円－@500円）で考えます。

原価を積み上げて利益を上乗せして売価を決めるという考え方ではなく、売価は市場によって決まり企業が存続していくために不可欠な利益を引いた残りが原価であると考えます。

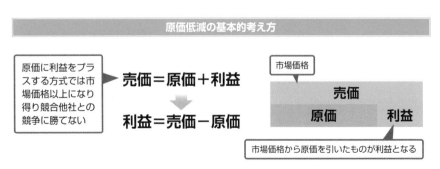

原価低減の基本的考え方

原価に利益をプラスする方式では市場価格以上になり得り競合他社との競争に勝てない

売価＝原価＋利益
⬇
利益＝売価－原価

市場価格

売価		
原価		利益

市場価格から原価を引いたものが利益となる

4-9
原価を管理する
——Cost②

原価管理の体系を見える化します。

▶▶ 原価管理

広い意味の原価管理は、原価管理と原価計算から成ります。

- **原価管理**：原価の**企画**、**維持・統制**、**低減**の3つの機能があり、原価を企画し企画された原価を維持・統制して低減を図る。企業の利益の確保を目的として、目標利益を確保するために製品やサービスの原価を企画し維持統制、低減を行う。
- **原価計算**：経営の意思決定や財務諸表の作成など様々なものがあり、原価管理の基礎となる原価情報を見える化する基盤である。

▶▶ 原価企画

原価企画は、マーケティングにより価格情報を**市場調査**し、競合などに対する**価格戦略**を検討して**販売価格**を決定し、販売価格をもとに**目標原価**（販売価格から利益を引いた額）を設定します。目標原価が決まったら、それを実現する**標準原価**を**製品設計**と**工程設計**で行います。

①**製品設計**：原材料は機能・性能を実現する最も安い材料を探求する。製品の構造は、部品点数に関わり部品コストを左右するものとなるので最もシンプルなものを探求する。製品の仕組みでは、最も単純な方法で機能・性能を達成する仕組みを探求する。製品や部品の精度は、加工や組立などの難易度に直結するので、製品の機能・性能が成り立つ上で許される最も緩やかな精度を設定する。

②**工程設計**：工程は、施設費や外注費を可能な限り抑える設計をする。工法は、製品の品質を確保できる必要最低限の設備や治工具を探求する。作業や管理は、能力や工数が最も抑えられる設計をする。調達は、単価が最も抑えられるものを考える。

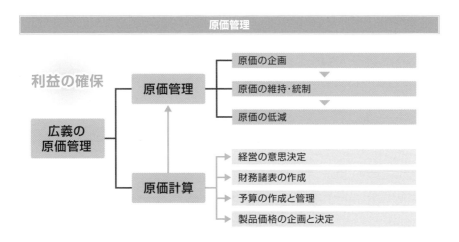

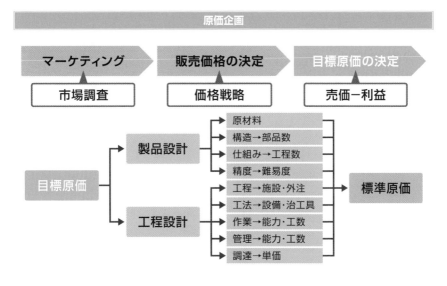

このような製品設計、工程設計によって、**標準原価**が決まり、その中身は、材料費、労務費、製造経費となります。

> ・**材料費の標準原価**：標準単価（材料の購入時の設定単価）と標準使用量（製品に使用される材料の設定使用量）によって表される。
> ・**労務費の標準原価**：標準レート（作業者の時間あたりの設定賃金）と標準時間（製品を製造するために費やす設定作業時間）によって表される。
> ・**製造経費の標準原価**：配賦基準（製造経費をそれぞれの製品製造においてどのくらい負担させるのかを決めた基準）によって明確にされる。

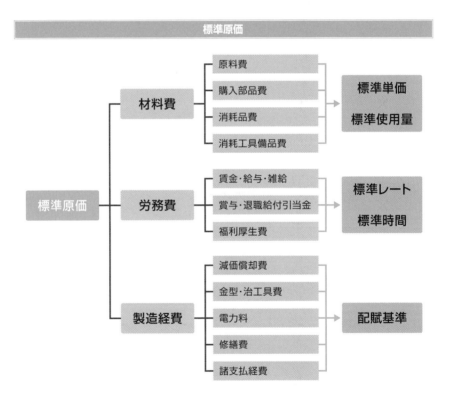

標準原価

標準原価	材料費	原料費	標準単価
		購入部品費	標準使用量
		消耗品費	
		消耗工具備品費	
	労務費	賃金・給与・雑給	標準レート
		賞与・退職給付引当金	標準時間
		福利厚生費	
	製造経費	減価償却費	配賦基準
		金型・治工具費	
		電力料	
		修繕費	
		諸支払経費	

▶▶ 標準原価の計算例

例えば、シチュー料理を事例に説明します。

> ・**材料費**：ジャガイモの100グラムあたりの標準単価12円とし、1皿あたり85g使用するとすれば、12円×85÷100g＝10.2円／皿となる。
>
> ・**労務費**：料理人の標準レートの時間給を950円とし、1皿あたり6分かかるとすれば、950円×6÷60分＝95円／皿となる。
>
> ・**製造経費**：製造経費の配賦法には様々な計算方法があるが、直接労務費法による配賦で計算する。労務費1円あたりの配賦基準を0.3とし、1皿あたりの労務費が上記より95円／皿となるので、0.3円×95円＝28.5円／皿となる。

これにより算出されたシチュー1皿あたりの材料費、労務費、製造経費の合計、つまり、

材料費10.2円＋労務費95円＋製造経費28.5円＝133.7円／皿

がシチュー1皿の標準原価となります。

標準原価の事例

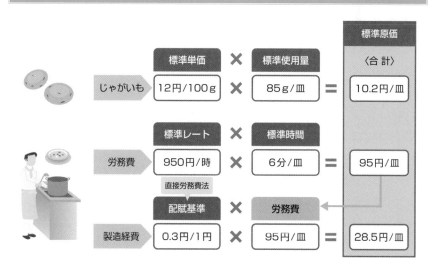

第4章　QCDSを見える化する

4-10
原価の維持・統制・低減
——Cost ③

原価企画で企画された原価を維持・統制して低減をはかります。

▶▶ 原価の維持統制

目標利益に基づいて目標原価が設定され、製品設計・工程設計を経て**標準原価**が設定されます。標準原価は机上で考えられた原価ですので、これに基づいて実際にかかる材料費・労務費・製造経費を見積ります。この**見積原価**と標準原価の差を明らかにし、製品設計や工程設計を見直していくことが目標原価を達成し実現性のある標準原価をつくりあげることになります。これが標準原価に対する**維持・統制**です。

さらに、実際に生産が始まれば実際にかかった原価が明らかになります。**実際原価**は、市場の相場や作業のバラツキなど様々な影響を受けて、見積り通りにいかないことになりますので、実際原価の変動や上昇を抑えて標準原価に一致させるよう取り組みます。これが実際原価に対する維持・統制です。

▶▶ 原価の低減

競合や市況の影響を受けて販売価格を下げることになり、標準原価の低減が求められ、それに合わせて実際原価の低減も図らなければなりません。また、材料相場や賃金の上昇などによって実際原価が高くなる場合もあり、高くなった実際原価を標準原価に一致させるために以下のような原価低減を行います。

標準原価の低減策として、

- **材料費の標準原価低減策**：材料の変更や使用量・構成の変更、材料ロスを低減させるための工法、作業方法の開発など
- **労務費の標準原価低減策**：労働者構成の改善、生産性を高めるための工法・作業方法の開発、機械化・自動化など

・**製造経費の標準原価低減策**：製造経費の変動費化、配賦法の見直しなど

実際原価の低減策として、

・**材料の実際原価低減**：調達方法の改善、使用量を抑えるための規格・下限値ね
　らい、材料使用量のバラツキを抑えるための工法・作業方法の改善など
・**労務費の実際原価低減**：標準原価の低減と同様
・**製造経費の実際原価低減**：実態と基準の乖離を防止するための評価・見直し、
　配賦割合を変動させる基準指標の改善など

原価の維持・統制・低減

● 原価の維持・統制

● 原価の低減

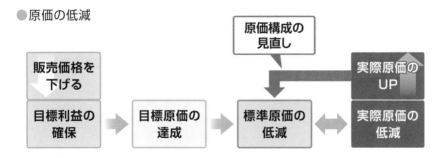

「経営の意思決定」「財務諸表の作成」「予算の作成と管理」「製品価格の企画と決定」のために原価情報を提供します。

▶▶ 標準原価計算と実際原価計算

標準原価を設定する時に行われる原価計算を**標準原価計算**と言い、**費目別原価計算**という方法で行います。実際原価を収集し集計する時に行われる計算を**実際原価計算**と言い、製品の1つ1つの単位でまとめる**個別原価計算**と、同じ製品をまとめて計算する**総合原価計算**という計算方法があります。

▶▶ 実際原価計算

実際原価計算は、費目別原価計算、**部門別原価計算**、**製品別原価計算**のステップで実施していきます。費目別原価計算を最初に行うのは、原価データの多くが費目別に管理されていて費目別に収集されるためで、費目別原価計算は、標準原価計算でも使われる方法でもあります。

- **費目別原価計算**：原材料費は直接材料費と間接材料費、労務費は直接労務費と間接労務費、製造経費は直接経費と間接経費に分類する。材料費は、材料単価と材料の使用量から計算され、材料単価の計算では、先入れ先出し法、後入れ先出し法、総平均法、移動平均法など、材料使用量の計算では、出庫量や購入量、前月と当月の棚卸しの在庫差などを使用量とする。
- **部門別原価計算**：費目別原価計算で明らかになった費目別原価について、その管理責任を明確にするのが部門別原価計算である。部門毎に管理すべき原価の実績を「見える化」する。
- **製品別原価計算**：費目別原価計算で明らかになり、部門別原価計算に基づいて管理責任部門が管理している原価から、製品毎の損益を「見える化」するのが

製品別原価計算である。製品毎に生産に要した原価の実績を見える化する。製品の製造に要した原材料や部品などの直接材料費、その製品の製造に従事した作業者の直接労務費、その製品の製造に関わった外注加工や製造で使用する型や治工具の直接経費、その他の間接材料費や間接労務費などを集計し、製品毎に費目別原価を直接材料費や労務費、経費に分けていき集計する。

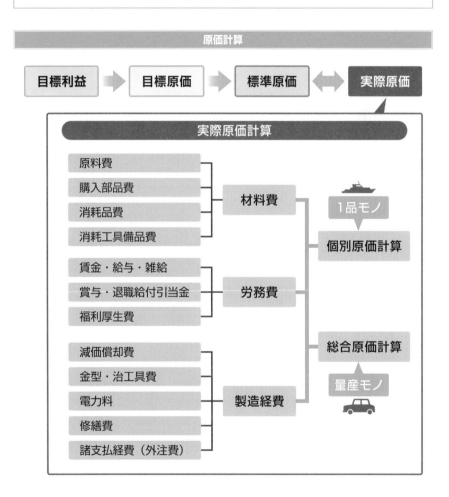

4-12
原価改善の着眼点を見える化する
——Cost⑤

現状を把握し、改善を図ります。

▶▶ ロジック・ツリーで見える化する

ロジック・ツリーを用いて、**漏れ／ダブり**を防ぎます。ロジック・ツリーには、

- **What ツリー**：現状把握する際の構成要素型ロジック・ツリー
- **Why ツリー**：原因究明する際の問題分解型ロジック・ツリー
- **How ツリー**：対策検討する際の問題解決型ロジック・ツリー

があります。

例えば、Why ツリーを用いて利益減少の原因を究明する際、利益が減少したのは、費用が増大した、あるいは売上が減少したの両面があり、さらに、費用増大の原因は、製造原価増大、販売費増大、経費増大の３つがあります。以下同様に、それぞれ

- Mutually：相互に
- Exclusive：排他的に
- Collectively：集合的に
- Exhaustive：徹底的に

という **MECE**（ミーシー）から漏れ／ダブりを防ぎながら、階層ごとに**次元（ディメンジョン＝事象間の抽象水準）**を揃えるように列挙していきます。その結果、輸入材の原材料費増大が一番の問題となれば、その代替材を検討するという解決策が導かれていきます。

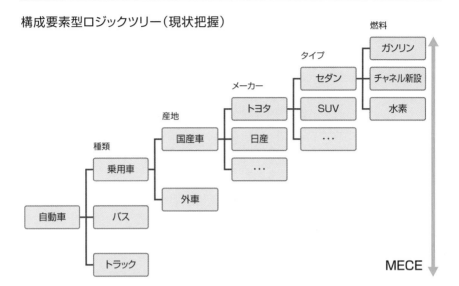

構成要素型ロジックツリー（現状把握）

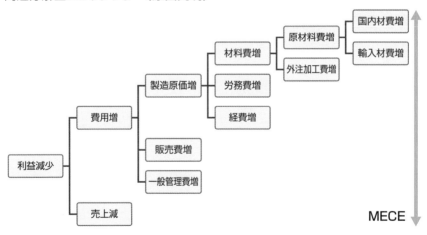

問題分解型ロジックツリー（原因究明）

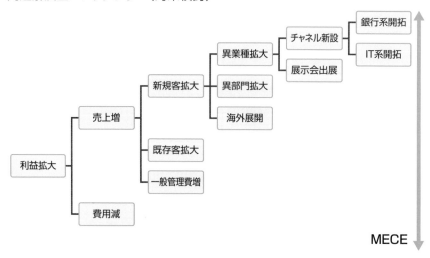

Howツリー

問題解決型ロジックツリー（対策検討）

MECE

▶▶ 原単位表で見える化する

　ここでの**原単位**とは、一つの部品・製品をつくるためにかかる必要工数・設備の正味工数などを指し、**原単位表**はライン・部品・設備ごとになどに生産数・荷姿・設備負荷・必要工数・負荷率などを見える化したものです。原価を把握する道具だけでなく、各工程の流れをつくりやすくするために、設備・工程へのものの流し方、変動を最小にする仕掛け、人員配置などの改善の道具としても使われます。

工場名：
ライン名：

作成： 年 月 日

原単位表

月度	
可動日数／月	日
可動日数／日	分
稼働時間／月	分
定時間内時間	秒

仕掛の形態	
引きのサイクル(時間)	
納入サイクル	
現状人数(リリーフ人数)	

ネックマシン	
機番	
MCT	

No	品名	品番	収容数	必要数	タクトタイム	ロットサイズ	段取替え工数			正味工数	付帯工数						……
											刃具交換工数			品質確認工数			
			個	個／直	秒	個	回	直	秒	秒	個	回	秒	個／秒	回	個	
合計																	
平均																	

4-13
設計納期を管理する
――Delivery①

　モノづくりにおける納期には、開発期限、調達・製造期限、納品期限があり、上流から納期を管理していかなければ、後工程に迷惑をかけます。

▶▶ 開発を見える化する

　開発部門は、A製品には開発者Aさんというように属人化・個人管理化されることが多く、我流、マイペース、一匹狼を生み、PCやCADなどに向かって仕事をしていれば誰が何をしているか、完成度がどうなっているかなど暗黙知の部分が見えません。そこで、開発者が相互に案件や負荷、進捗などを見える化します。

　例えば、**開発計画**は、大日程→中日程→小日程に分け、ガントチャートなどで見える化します。ガントチャートは、予定／実績を点線／実線で示したり、黒色／赤色で示したりしながら遅れ進みを管理しますが、実績の記入が忘れられがちになりますので、マグネットなどで**カード化**し、カードの移動で進行管理することもできます。

▶▶ 設計・開発段階の問題を見える化する

　設計／開発段階で問題を解決する際、部門間のコンフリクト（衝突）が発生します。例えば、設計では流線型のデザインにしたい、製造では曲線加工が難しい、調達ではコスト高になるなどそれぞれの言い分は異なります。相互に意見を主張していたのでは、いつまで経っても収まらず、あっという間にラインオフの期限となってしまいます。

　そこで、企画～日常生産に至るまでのステップを、**デザイン・レビュー（DR）**による見える化で問題点を明らかにします。

　デザイン・レビュー（DR）は、**PR（フェーズ・エキジット・レビュー）**とも言われるもので、

①**DR1**：製品企画審査＝製品設計への移行可否を決定する

②**DR2**：試作設計審査＝設計品質の基本計画の適合を審査する

③**DR3**：量産移行審査＝量産化移行可否の決定する

④**DR4**：量産設計審査＝量産設計図面の適合を審査する

⑤**DR5**：生産準備審査＝生産準備計画の適合可否の決定する

⑥**DR6**：生産移行審査＝量産生産の移行可否の決定する

⑦**DR7**：初期流動管理解除審査＝日常生産の移行可否の決定する

の７段階に分かれ、各段階における審査事項を明確にし、審査会を通じて次の段階に進んでもよいかどうか各部門の合意を得る所謂関所のような場所です。

審査事項が全て○にならないと次の段階に移れないと言うわけではなく、スピードも求められるので確認欄が△や×であってもコメントを記入して審査会で合意すれば、次段階へと進んでいきます。

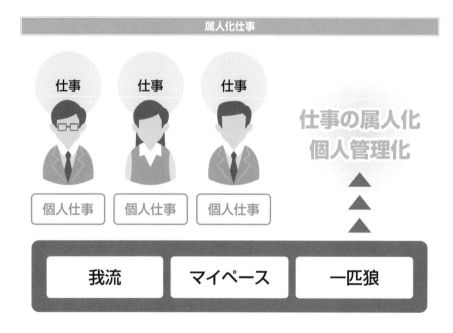

開発計画を見える化する

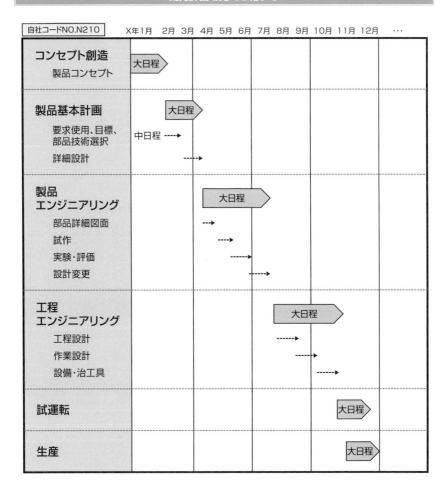

| 自社コードNO.N210 | X年1月 | 2月 | 3月 | 4月 | 5月 | 6月 | 7月 | 8月 | 9月 | 10月 | 11月 | 12月 | ... |

コンセプト創造
　製品コンセプト　大日程

製品基本計画　大日程
　要求使用、目標、部品技術選択　中日程
　詳細設計

製品エンジニアリング　大日程
　部品詳細図面
　試作
　実験・評価
　設計変更

工程エンジニアリング　大日程
　工程設計
　作業設計
　設備・治工具

試運転　大日程

生産　大日程

設計・開発段階の問題を見える化する

DR（デザイン・レビュー）＝フューズ・エキジット・レビュー

分類番号	分類の名称	DRの目的
DR1	製品企画審査	製品設計への移行可否の決定
DR2	試作設計審査	設計品質の基本計画の適合審査
DR3	量産移行審査	量産化移行可否の決定
DR4	量産設計審査	量産設計図面の適合審査
DR5	生産準備審査	生産準備計画の適合可否の決定
DR6	生産移行審査	量産生産の移行可否の決定
DR7	初期流動管理解除審査	日常生産の移行可否の決定

	DR1　審査事項	確認	コメント
1	顧客の要望	○	
2	顧客のモデルチェンジ予測	○	
3	競合他社の開発状況、製品化状況	○	
4	開発の狙い	○	
5	新製品展開の構想	○	
6	新製品開発のセールスポイント	○	
7	製品の構造、特徴、メカニズム	○	
8	企画品質目標と設定の根拠	○	
9	競合他社製品との比較	○	
10	新技術・設計ネック技術項目と対応	○	
11	新生産技術開発項目と対応計画	△	
12	売価の設定と根拠	×	
13	価格の市場競争力	△	
14	開発大日程計画	×	

4-14
製造納期を管理する
——Delivery②

よく段取り8分・仕事2分と言われます。製造納期を守る上では、この段取り、所謂前準備が大切です。

▶▶ 生産準備を見える化する

新製品立ち上げ時は、設計／開発→試作→**生産準備**→生産立ち上げ→量産という流れの中で、前工程（設計／開発、試作）が遅れがちになるので、量産をスムーズに行うために生産準備を見える化します。

そこで、生産準備事項として、設備保守・治具設計・治具製作・金型準備・生産部品表作成・工程順序表作成・作業標準書作成・標準時間設定・標準リードタイム設定・製品原価企画・製品原価管理などを**生産準備計画書**で見える化し、量産開始に遅れが出ないように管理します。

例えば、縦軸に生産準備事項、横軸に時間を入れ、ガントチャートなどで予定／実績管理を行います。

生産準備を見える化する

顧客			生産準備計画書		発行 NO____作成		年　月			

日

月生産量		品　名		品　番		量産生産時期	製造各課	承認	作成	生産技術	承認	作成

NO	項　目		担当	要否	月	月	月	月	月	月	月	月	備　考
1	受注予測	試作	営業										
		量産	営業										
2	製　作	試作	生産管理										
		量産	生産管理										
3	量産設計出図		技術										
4	内外製決定		生産管理										
5	工程設計		生産技術										
6	QC 工程表作成		生産技術										
7	作業要領・製造条件表等標準類作成		生産技術製造各課										
8	作業環境管理表作成		生産技術										
9	検査基準作成		品質保証										
10	標準見本・写真作成		品質保証										
11	特殊工程作業者訓練		製造各課										
12	溶接条件表作成		生産技術										
13	生産設備	検討	生産技術										
		手配	資材										
14	金型・治工具類	設計	生産技術										
		手配	資材										
15	計測・試験ゲージ類	検討	生産技術										
		手配	資材										
16	日常点検表作成		製造各課										
17	要員計画・調達		管理										
18	作業者教育・訓練		製造各課										
19	荷姿申請書作成		生産技術										
20	量産試作評価		生産技術										
21	初品評価		生産技術										
22													
23													
24													
25	顧客提出記録作成		品質保証	□初品データ		□検査基準書		□QC 工程表		□荷姿申請書			
26	工程概要												

▶▶ 仕事の段取り

　通常製品の段取り（前準備）では、作業の指示から生産開始までを誰でも分かるように見える化します。

---

①手順書等の取り出し

　「作業指示情報の記載された文書」→「作業手順や方法・基準の記載された文書」→「作業要領書などの作業方法をより具体的に解説した文書」というように親子関係の階層があり、品番や文書ナンバーなどによりつながりが分かるようにしなければならない。さらに、設計変更、工程変更、クレーム対応などの理由から変更や暫定処置が変更連絡書、引き継ぎ連絡などの形式で伝えられるので、これらの処置を盛り込んだ最新の情報を見える化する。

②原材料・部品の準備

　原材料や部品は、置き場をきちんと決めモノの表示で誰でも分かるようにする。品番表示は、1文字でも違ったらまったく別物となってしまうので、紛らわしいものには色や絵などで工夫する。また、設計変更などがあった場合品番の一部が変わることがあり、設計変更前の旧製品も使えることがあるので変更連絡書などに明記する。

③設備・型・治工具の準備

　設備や工具などは使用に先立って基準値や条件の設定が必要となる場合があるので、設定に関する要領書やガイドに基づいて設定をする。設定器など設定するための装置がある場合は、基準器を使って正確な値が表示されるように調整（**キャリブレーション**）する。

　このような段取りの完了状態を見える化し、生産が開始できる状態かどうか誰でも分かるように見える化します。

段取り8分/仕事2分

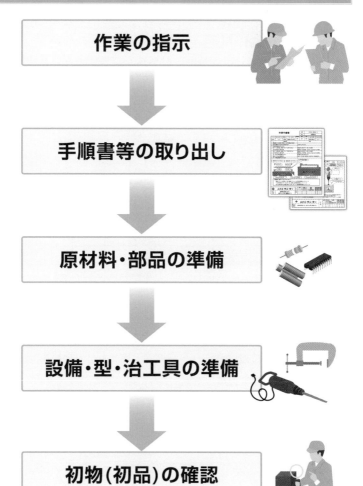

作業の指示

↓

手順書等の取り出し

↓

原材料・部品の準備

↓

設備・型・治工具の準備

↓

初物（初品）の確認

4-15
入出荷納期を管理する
——Delivery ③

納品期限には、入荷と出荷があり、それぞれを見える化します。

▶▶ 入荷の見える化

調達は、次の４つのパターンに分類され、

From	To	パターン
①社内	社内	引き取り
②社外	社内	納入
③社内	社外	支給
④社外	社外	直送支給

これらを**調達先情報**として、調達先・調達リードタイム・納入サイクルなどを見える化することで、共有化によるスケールメリット追及、共通化による標準仕様、調達先の絞込み、1社購買から2社購買による相見積とリスク分散、多頻度多回納品によるリードタイム短縮、自動発注、伝票類の簡素化などの改善を検討するとともに、在庫削減や欠品防止を追及します。

▶▶ 出荷の見える化

出荷管理板で出荷便を見える化します。出荷のための集荷は、早過ぎるとつくり過ぎや出荷場所の不足につながりますのでタイミングよく荷揃えするように心がけます。

出荷管理板（荷揃え・積込出発表）は、以下のように作成します。

①顧客／トラックごとにダイヤを作成する

②ダイヤを見える化する

③便ごとに集荷する製品を一覧にする

④便ごとの集荷場をつくる

⑤便ごとの製品一覧から荷揃えを行い、集荷完了のものを消し込む

⑥荷揃えが完了したら、カードなどで完了の表示を見える化する

調達先情報を見える化する

	調達先	調達リードタイム	納入サイクル （時間）
材料A	M社	1日	1-1-1 10:00
材料B	N社	0.5日	1-2-1 9:00 15:00
材料C	O社	7日	7-1-1 毎月曜 9:00

納入サイクル
1（A）−1（B）−1（C）

※A=日、B=回、C=便遅れ
1日に1便あり、発注したものは1便遅れ（明日の便）で入ってくる

出荷の見える化

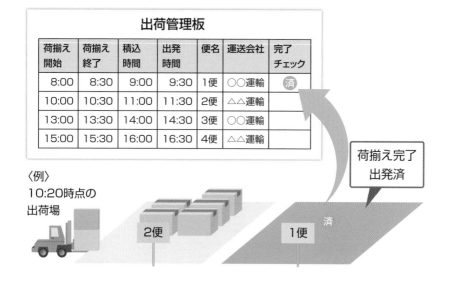

出荷管理板

荷揃え 開始	荷揃え 終了	積込 時間	出発 時間	便名	運送会社	完了 チェック
8:00	8:30	9:00	9:30	1便	○○運輸	済
10:00	10:30	11:00	11:30	2便	△△運輸	
13:00	13:30	14:00	14:30	3便	○○運輸	
15:00	15:30	16:00	16:30	4便	△△運輸	

荷揃え完了
出発済

〈例〉
10:20時点の
出荷場

2便

1便

済

4-16
災害防止を見える化する
——Safety ①

安全衛生の目的は、健康を保ち、危険がない中で、安心して働くことができるようにすることです。具体的には、災害防止と健康維持です。

▶▶ 災害防止

災害防止は、仕事に関わる要因から、負傷などしないようにして安心して働くことができるようにすることで、それを目的とした取り組みを**労働安全**と言います。災害は、設備機器や作業環境の**不安全な状態**と作業者の**不安全な行動**が重なる安全管理上の欠陥が原因となって発生します。

▶▶ ハインリッヒの法則

ハインリッヒの法則は、1：29：300で、1件の大きな事故・災害の裏には、29件の軽微な事故・災害、その裏には300件の**ヒヤリ・ハット**（事故には至らなかったもののヒヤリとした、ハッとした事例）があるとされます。重大災害の防止のためには、事故や災害の発生が予測されたヒヤリ・ハットの段階で対処していくことが求められます。そこで、**ヒヤリ・ハット・カード**で見える化し、発生箇所・度数率（事故発生件数）などを明らかにした上で安全パトロールにより、そのリスクをつぶしていきます。

安全管理上の欠陥

=== **不安全な状態** ===

物自体の欠陥
防護措置・安全装置の欠陥
物の置き方、作業場所の欠陥
保護具・服装等の欠陥
作業環境の欠陥
部外的・自然的不安全な状態
作業方法の欠陥
その他

×

=== **不安全な行動** ===

防護・安全装置を無効にする
安全措置の不履行
不安全な放置
危険な状態を作る
機械・装置等の指定外の使用
運転中の機械・装置等の掃除、注油、修理、点検等
保護具、服装の欠陥(使い方)
その他の危険場所への接近
その他の不安全な行為
運転の失敗(乗物)
誤った動作
その他

両方が重なると災害発生の確率が高まる

第4章 QCDSを見える化する

ハインリッヒの法則

ヒヤリ・ハットが多い職場は、重大事故を引き起こす

1：29：300

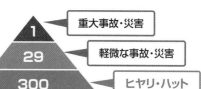

1	重大事故・災害
29	軽微な事故・災害
300	ヒヤリ・ハット

ヒヤリ・ハット・カード

工程名	
いつ	
どこで	
誰が	
何をしようとしたら	
どうなった	
それは何故(要因)	
だからこうした(対策)	

▶▶ 危険予知訓練（KYT）

　KYTは、職場に潜んでいる危険因子などを事前に予知して危険を回避する訓練です。

---

①**現状分析**：どんな危険が潜んでいるか

②**本質追求**：これが危険のポイントだ

③**対策樹立**：あなたならどうする

④**目標設定**：私たちはこうする

　合意結果は、工場内に掲示したり、朝礼などで発表したりして、メンバー間の共通認識として情報を共有し、事前の危険回避を図ります。

危険予知訓練（KYT）

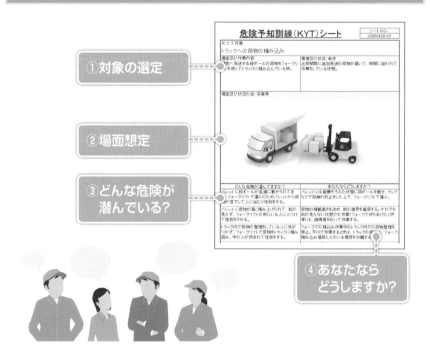

▶▶ ミドリ十字

　災害発生の状況は、**ミドリ十字**を用いて見える化します。緑十字は、1か月ごとの日付を無災害であれば、1枚ずつ緑色カードで埋めていき、休業災害があれば赤色カード、不休災害があれば黄色カードというように埋めていきます。

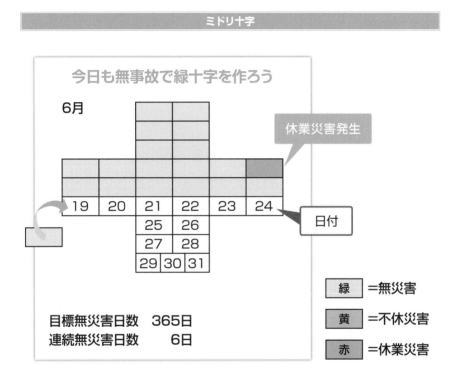

ミドリ十字

今日も無事故で緑十字を作ろう

6月

休業災害発生

| | 19 | 20 | 21 | 22 | 23 | 24 | 日付 |

緑	＝無災害
黄	＝不休災害
赤	＝休業災害

目標無災害日数　365日
連続無災害日数　　6日

安全第一
──Safety ②

安全のルールを見える化し、作業者に守らせます。

▶▶ 通路の確保

工場内あるいは構内において安全な**通路**を確保し、仮置きやチョイ置きなどをなくします。通路には、誰でも分かるように**区画線**や横断歩道を描き、制限時速内で移動するように守らせます。

▶▶ 適切な服装と保護具

作業者が現場に出る際の**服装**や**保護具**のルールを決め、見える化します。ヘルメット・帽子・手袋・保護メガネ・耳栓・安全靴など必要最小限の約束事を守らせます。

▶▶ モノの取扱い

道具、加工機械、重量物、電気装置、化学物質、温熱物など**モノの取扱い**ルールを決め、見える化します。

▶▶ 安全関係の備品

万一災害が起きた場合にすぐに処置できるように備品置き場を決め、誰もが分かるようにします。担架、レスキューセット、救急箱、AED（自動体外式除細動器）、ブランケット、消火器、避難はしご、火災報知機、ラジオ、ライト、非常食、保存水、テントなどをそろえ、賞味期限のあるものはそれらを見える化します。

▶▶ 重大事故発生時の対応

異常処置手順や**報告ルート**を見える化し、いざという時に迅速で適切な処置ができるようにしておきます。

▶▶ 緊急連絡網の整備

　地震などの災害が起きた際の安否確認や緊急連絡のための**連絡網**を整備し、電話番号・メールアドレスなどをまとめておきます。

▶▶ ハザードマップ（被害予測地図）の作成

　工場周辺や通勤経路など自然災害による被害を予測し、被害範囲を地図化します。さらに、**避難経路**、**避難場所**などを地図上に図示します。

第4章 QCDSを見える化する

モノの取扱い

道具の取り扱い	▶ 整理整頓、正しい姿勢・方向で、後片付け
加工機械の取り扱い	▶ 非常停止ボタン、開始時の合図、停電時のスイッチ 回転物操作の軍手回避
重量物の取り扱い	▶ 1回最大55kg以下、常時体重の40%以下、 女子は男子の60%程度
電気装置の取り扱い	▶ 安全限界は、乾いた手で30V、濡れた手で20V、 浴槽水中で10V、50mAの感電で死亡する恐れ
化学物質の取り扱い	▶ 取り扱い条件を確認する、接触を遮断する
温熱物の取り扱い	▶ 44℃6〜10時間接触で低温熱傷、80〜100℃の 接触で火傷

4-18
機械類の安全性を見える化する
——Safety③

機械類の安全性を見える化により図ります。

▶▶ 機械類の安全性

機械類の安全性は、ISO12100で、**本質的安全設計方策**・**安全防護策**・**使用上の情報**という3つの方法を用いて、傷害および健康障害のリスクをできるだけ低いレベルまで低減することを要求しています。

---

① **本質的安全設計方策**

・**危険源を回避する方法**：突起部があればなくす、バリ取りする、危険区域に人が進入できないようにするなど災害の発生原因を取り除く方法。

・**危険区域への進入の必要性を低減することにより危険源へさらされる機会を制限する方法**：機械設備の信頼性を向上させ修正を必要とする機会を低減する、供給／取出しを自動化するなど危険な所に行かなければケガをしないという方法。

② **安全防護策**：固定式／可動式ガード、調整式ガード、インターロック付きガードなどのガード類や光線式センサ、圧力（安全）マットなどの保護装置によるリスクを低減する方法。

③ **使用上の情報**：上記①＆②を講じてもなお残存するリスクについて取り扱い説明書や機械本体あるいは周辺部に、感電注意の警告や正しい説明を示し、注意を促すことで機械の使用者の正しい理解のもとでリスク低減に寄与しようとする方法。

▶▶ 設備のフールプルーフ化とフェールセーフ化

設備の不安全状態は、以下のようなもので取り除きます。

- **フールプルーフ**：**ポカヨケ**とも言い、使用者に完全性を求めず、誤った用法で事故に至らないようにする仕組み・設計・思想のことで、例えば、**安全インターロック**、**ロックアウト・キー管理**などを指す。
- **フェールセーフ**：機械は必ず故障が発生するということを念頭に置き、故障が発生した場合にも、常に安全側にその機能が作用する設計思想のことで、例えば電気のヒューズなど壊れやすい部分を設けておき、高い負荷がかかった場合に意図的にその部分が壊れるようにしておくことで、使用者への危険を回避することができる。

▶▶ 使用上の情報の見える化

- **信号および警報装置**：危険事象の警告のために使用される視覚信号および聴覚信号を指し、点滅灯やサイレンなどで、危険事象を予告する。
- **表示、標識（絵文字）、警告文**：回転部の最大速度、工具の最大直径、機械自体および／または着脱可能部品の質量（kg表示）、最大荷重、保護具着用の必要性、ガードの調整データ、点検頻度など安全に使用するための見える化を行う。
- **附属文章**：機械の運搬・取り扱い・保管・設置・立ち上げ・使用・保全など取扱説明書に記載された情報を見える化する。

ポカヨケ

部品の取り忘れがあるとセンサーが感知し、ブザーで知らせる

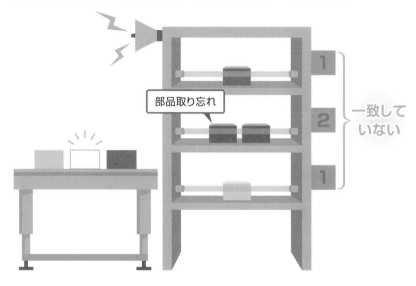

インターロック

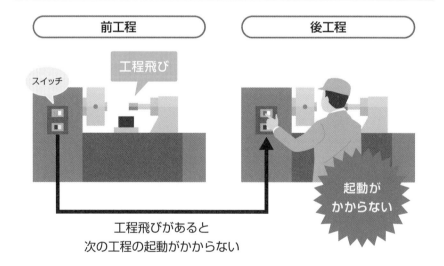

安全インターロック

「止める・呼ぶ・待つ」

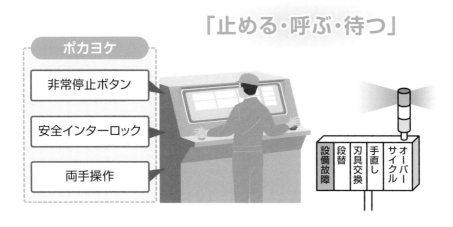

ポカヨケ
- 非常停止ボタン
- 安全インターロック
- 両手操作

設備故障／段替／刃具交換／手直し／オーバーサイクル

ロックアウト・キー管理

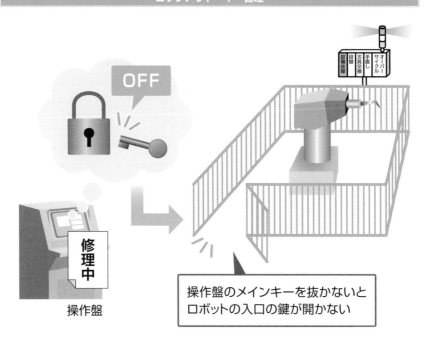

OFF

修理中

操作盤

操作盤のメインキーを抜かないと
ロボットの入口の鍵が開かない

設備故障／段替／刃具交換／手直し／オーバーサイクル

4-19
労働衛生を見える化する
——Safety ④

健康維持は、仕事に関わる要因から、病気などにかからないようにして健康を保ち、働くことができるようにすることで、それを目的とした取り組みを労働衛生と言います。

▶▶ ストレス社会

成果主義・目標管理など会社内ストレス、介護・子育てなどの家庭内ストレス、税金・年金など社会的ストレスなどにより、過労死やうつ病などが多発しています。このような心の悩みは一人で抱えてしまうとどんどん奥底に入り込んでしまいます。そこで、心の病を見える化する必要があります。

監督者は、毎朝体操などとともに、**始業時ミーティング**を開催します。メンバーの顔色を見て、体調が思わしくない者には声をかけ、必要な処置を施します。

毎日の気分を顔のイラストで自己申告してもらい、心の状態を**ニコニコ・カレンダー**などで共有します。特に、泣き顔シールが続いているようなメンバーがいると他のメンバーが声をかけ相談に乗り、悩みを和らげてあげます。

▶▶ ワーク・ライフ・バランス

働き方改革が叫ばれる中、**ワーク・ライフ・バランス**は、「仕事と生活の調和」と訳され、「国民一人ひとりが、やりがいや充実感を持ちながら働き、仕事上の責任を果たすとともに、家庭や地域生活などにおいても、子育て期、中高年期といった人生の各段階に応じて多様な生き方が選択・実現できる」ことを指します。仕事がうまくいかなければ私生活もうまくいかない、私生活が充実していなければ仕事も充実できません。

労働衛生

始業管理

体操　→　ミーティング　→　体調管理

ストレス
うつ病
過労死
などの予防

←　体調不良者に処置　←　ニコニコ・カレンダー記入

ニコニコ・カレンダー

	6/1 (月)	6/2 (火)	6/3 (水)	6/4 (木)	6/5 (金)	6/6 (土)
Aさん	😃	😄				
Bさん	😣	休				
Cさん	😑	😑				

😄 特に元気　　😑 疲れ気味

😃 いつも通り　　😣 最悪

COLUMN サプライヤーの見える化

　アッセンブリー（組立）・メーカーによっては、数10〜数100社のサプライヤー（部品供給会社）を持つ場合があります。その際、品質が安定しなければ、組立てに支障をきたします。

　そこで、アッセンブリー・メーカーは、購買管理として、毎月不良品の納入の多かったサプラーヤーのワースト10を一覧にして商談コーナーなどに掲示します。サプラーヤーにとって、これが見える化されることで毎月ワースト・ランク・インはしたくないので、品質を意識することになり品質改善への動機づけとなります。

情報を見える化する

モノは、情報によってつくられます。この情報が見えなければ、仕事の計画、優先順位、ボリューム、能力、負荷、変更、運搬などが分からず、QCDSを悪化させます。

そこで、本章では、この情報を見える化することにより、7つのムダを排除するアプローチについて解説いたします。

5-1
今日の仕事を見える化する

何を、何個、何時までに、つくるかという情報を、作業者自ら把握できるようにします。

▶▶ 生産計画

生産計画は、生産数量と生産時期に関する計画のことです。計画期間内に、どの製品をどれだけ生産するかを決定するものであり、期間の長さからは、

- 期間生産計画（大日程計画）
- 月度生産計画（中日程計画、月別生産計画、手配計画）
- 日程計画（小日程計画、確定計画）

に分けられます。

中でも、日程計画は、どの職場で、いつ開始して、いつ完了するかなどを表すもので、今日の仕事が現場の作業者レベルに把握されていないと、監督者を探して指示を仰がねばならなくなり、つくり過ぎや手待ちなどのムダを発生させかねません。

▶▶ 生産手配

生産手配は、計画を対象になる人に伝えることです。生産指示、購入手配、外注手配など緻密に立てた生産計画でも、伝達がうまくいかなければそこにムダが生じます。生産計画は、PCの中にあるだけではこの伝達がうまくいきません。

そこで、管理監督者は、ヒトと設備の能力に対する今日の生産量を対比しながら、PC内にある今日の仕事情報を掲示板・ホワイトボード・カード・かんばん・生産管理板などを用いて作業者に見える化し、**何を、何個、何時までに、つくるか**、その生産が完了したら次に何をつくるのか分かるようにします。

また、「かんばん」は、**仕掛けポスト（差し立て板）**などを用いて指示します。

今日の仕事を見える化する

何を、何個、何時までに、つくるか

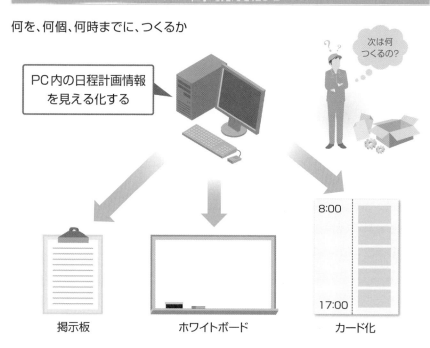

PC内の日程計画情報
を見える化する

次は何
つくるの?

| 掲示板 | ホワイトボード | カード化 |

仕掛けポスト

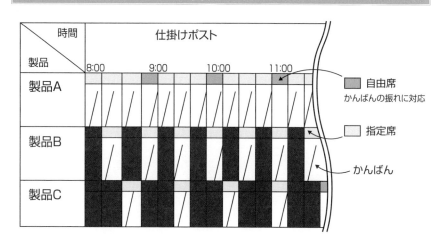

自由席
かんばんの振れに対応

指定席

かんばん

進捗・出来高を見える化する

計画と実績を把握できるようにします。

▶▶ 生産統制

生産統制は、生産計画で立案された計画を計画通りに進行するようコントロールすることであり、進捗管理、余力管理、現品管理、インプット・アウトプットコントロールなどがあります。中でも、進捗管理は、生産計画に対する仕事の進み具合・遅れ具合を把握し、コントロールすることであり、

> ・**絶対進度**：実績把握
> ・**相対進度**：計画と実績の差

などにより進められます。生産計画に基づき実施される生産は、それが計画通りに進行しているか実績を見える化します。

▶▶ 生産達成アンドン

生産達成アンドンは、工場の良く見える場所に天井から吊り下げるなどの方法で取り付け、上段に生産計画、下段に生産実績を電光表示し、遅れ進みを見える化します。作業者にとっては、自分の作業ペースが遅れているのか／進んでいるのか把握でき、監督者にとっては、応受援の必要の有無などの判断が可能となります。

▶▶ 生産管理板

生産管理板は、

> ・異常を早く顕在化し、処置や改善の促進を図る
> ・時間ごとの生産進捗状況を把握する
> ・作業者に目的意識を持たせる

・タクトタイムで生産する必要性を認識させる

の目的のもと、縦軸には時間軸をとり、横軸には計画数・実績数・停止時間・不具合内容などを取り、現場に掲示します。時間軸は製品の完成時間によっても異なりますが、例えば1時間単位で目盛をとり、横軸の時間あたりの管理項目の空欄に実績を作業者が記入していきます。これにより計画数と実績数の差や時間当たり出来高のバラツキが把握でき、管理監督者は逐次現場を巡回して遅れ進みや不具合の内容、可動率の低下要因などを確認しながら、改善項目を洗い出します。また、応受援の必要性なども見える化されます。

生産管理板

生産管理板
品名：（　　　　　）加工機種名：（　　　　　　　　　　）

	時間帯	出来高 計画	出来高 実績	品質チェック 日常点検	停止ロス 金型交換	計画停止	生産ロス 工程・現象・停止時間・処置	安全	号口不良	職制チェック	加工不良内容・数
1	8:00〜9:00										
2	9:00〜10:00										
3	10:00〜11:00										
4	11:00〜12:00										
5	12:00〜13:00										
6	13:00〜14:00										
7	14:00〜15:00										
8	15:00〜16:00										
9	16:00〜17:00										
10	17:00〜18:00										
11	18:00〜19:00										
12	19:00〜20:00										
13	20:00〜21:00										
14	21:00〜22:00										
15	22:00〜23:00										
16	23:00〜24:00										
17	0:00〜1:00										
18	1:00〜2:00										
19	2:00〜3:00										
20	3:00〜4:00										
21	4:00〜5:00										
22	5:00〜6:00										
23	6:00〜7:00										
24	7:00〜8:00										

本日の実績		日常点検	定期清掃		反対直への伝言
機種名			落下品の回収		
生産数			ライン内の2S		
総不良数			床面の清掃		
最終検査不良数			給油		
良品数					
負荷時間					
就業時間					
時間当たり出来高					

5-3
図面・仕様書など紙媒体情報を見える化する

書類などの紙媒体は、事務の5Sに努め、見える化します。

▶▶ 文書類の流れをつくる

使用頻度に応じて普段使用するものは近づけ、あまり使用しないものは遠ざけます。

- **保管**：日常的に使用する文書を「保管文書」として定義し、使いやすい場所に置く。例えば、今月分の書類は机の引き出しに1か月間保管する。
- **移し替え**：保管期限が切れた文書を、移し替える。1か月経過した文書は自席横の3段キャビネットに移し替え、一定期間保管する。
- **置き換え**：一定期間経過した文書は自分から遠ざけた場所に置き換える。自席横のキャビネットの書類を、段ボール収納に置き換え移動する。
- **保存**：オフィスで保管期限が切れた文書は「保存文書」として保存する。段ボールに置き換えられた書類を倉庫で法定保存期間保存する。
- **廃棄**：保存期間が経過した書類を廃棄する。保存期間が経過した書類を段ボールごと溶解・焼却・裁断する。

▶▶ 掲示物の期限表示

工場内に掲示する書類やポスターには、**掲示期限**を明示し、掲示期限を経過した書類は廃棄します。また、推移グラフなどの日常管理資料も更新や廃棄を心がけます。見える化を謳いながら、古い書類やポスターなどを堂々といつまでも掲示するようであっては、かえってマイナスです。常に**最新性の維持**を心がけます。

▶▶ ファイリングで見える化

ファイリングで文書類を見える化し、探すムダを排除します。

ファイリングの基本的な考え方は、以下の通りです。

- 同一業務・プロジェクト毎別にファイルを作成する。
- ファイル内の収容は、探しやすく、追加や返却しやすい方法とする。
- 連番順、日付順、プロセス順などでまとまりをつくり、まとまり単位で連続性をもたせた収容方法とする。
- 1ファイルに入らない場合は、まとまり単位で1ファイルを作成する。
- インデックスや見出しをつけて、探しやすく、追加・返却しやすいようにする。
- 書類量とバインダーの厚みを比例させる（少な過ぎず、入れ過ぎない）。
- 大分類→中分類→小分類→フォルダータイトルに分ける。
- ファイルは、横に寝かせて積むのではなく、立てる。

文書類の流れ

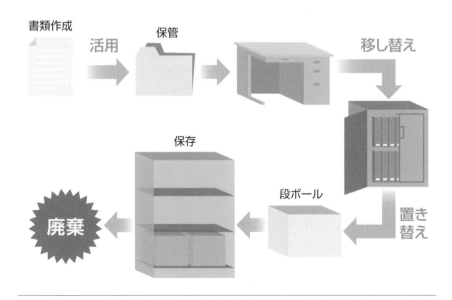

5-4

電子媒体情報を見える化する

図面など電子媒体情報（電子データ）も、紙媒体と同様に事務の5Sをし、最新性の維持に努めます。

▶▶ 電子データの流れをつくる

今**作成中**のデータはデスクトップに、**活用中**のデータは自分のパソコンにフォルダーを設けて置き、**保管**するデータはサーバー、**保存**するデータは電子媒体にというように使用頻度に応じて、紙文書同様に移し替えを行います。

ステータスを、

- **作業中**のワーク（データ）
- **修正**のための原本
- **共有**するための公開

というように分け、ファイルをコピーでいくつもつくるのではなく、ひとつのファイルを**カット&ペースト**（切り取り&貼り付け）で移動させます。

▶▶ IT化がブラックボックスをつくる

昨今、設計においては、CAD・CAMが主体になっており、手書きの製図が書けない開発者が増加しています。そのため、実際には有り得ない2次元・3次元の図面ができてしまい、いざ製造の段階になって初めてモノがつくれないことに気づきます。

そこで、CAD・CAMを用いる前に、製図の訓練を積むなどPCの裏に潜んでいるブラックボックスを理解した上で、ソフトを活用します。

電子データの見える化

電子媒体情報は、紙文書の流れと同じ

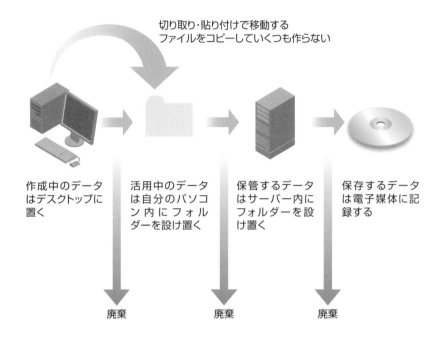

切り取り・貼り付けで移動する
ファイルをコピーしていくつも作らない

作成中のデータ
はデスクトップに
置く

活用中のデータ
は自分のパソコ
ン内にフォル
ダーを設け置く

保管するデータ
はサーバー内に
フォルダーを設
け置く

保存するデータ
は電子媒体に記
録する

廃棄　　　　　　廃棄　　　　　　廃棄

IT化がブラックボックスをつくる

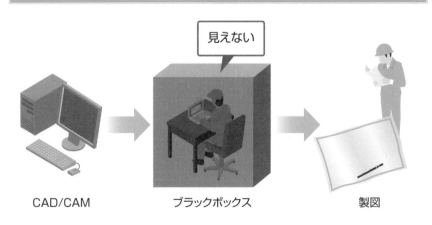

見えない

CAD/CAM　　　　ブラックボックス　　　　製図

5-5
設計情報を管理する

マイナーチェンジやモデルチェンジ情報を管理し、間違った情報で生産が行われないようにします。

▶▶ 更新管理

情報からモノはつくられます。その情報は、変更されたり、新しく追加されたり、どんどん変化していくので、**更新管理**が必要となります。

更新管理の目的は、以下の通りです。

- **情報の有効性保証**：最新情報が、必ずしも有効情報とは言えない場合もある（例えば、新しい技術情報はあっても、それが社内で承認されていない時など）
- **整合性の確保**：情報と情報、および、情報と物や仕事を完全に一致させる。
- **誤認識の防止**：情報の新旧、情報の不整合、未承認が一目で分かるようにし、勘違いや間違いの防止を行う。

▶▶ 識別管理

情報の最新・有効性保証には、**識別管理**を行います。

- **記号による管理**：アルファベットや、数値などで品番のあとに、例えば「A」と改訂記号をつけている。連続性のある記号を用いることで、「BはAより新しい」というように新旧を判断できるようにする。
- **日付による管理**：8ケタや6ケタで日付を、例えば「20200820」とつけていく。日付という連続性のあるものを用いることで、どれが最新なのかが一目で分かる。
- **名称による管理**：「〜版」というように、それを表す名称をつける。言葉が一目見て内容が分かるようにする。

▶▶ 構成管理

　情報の整合性確保には、**構成管理**を行います。構成管理は、**構成表**を用いて情報の変更や修正について文書の上下関係を明確にし、上位文書の変更をどの下位文書に反映させるか、分かるようにします。

識別管理

最新性/有効性の見える化

記号　例）X250-1234-A　◀ 連続性

日付　例）支払管理簿 20200820　◀ 時間軸

名称　例）PX37 リコール対応版　◀ 内容

構成表

情報の整合性の見える化

製造・開発・加工・納品・物流系構成表（組立製造業の例）

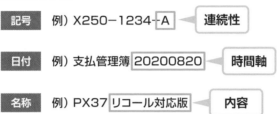

部品構成表 リリース構成表 上位◀▶下位		文書構成表 上位◀▶下位				
		図面	検査基準書	工程設計書	作業手順書	梱包指示書
完成品・最終納品・リリース		完成組立図面	出荷検査基準書	組立工程設計書	組立作業手順書	出荷梱包指示書
サブ組立品・中間品・モジュール		S／A図面	工程内検査基準書	S／A工程設計書	S／A作業手順書	S／A通箱標準書
	部品：内製加工品	部品図面	工程内検査基準書	加工工程設計書	部品加工作業手順書	部品通箱標準書
	部品：外注加工品	部品図面	受入検査基準書	加工工程設計書（外注）	部品加工作業手順書（外注）	出荷梱包指示書（外注）
	部品：規格品購入	規格品仕様書	受入検査基準書	―	―	出荷梱包仕様書

上位文書の変更

下位文書への変更反映検討

第5章 情報を見える化する

5-6
生産情報を見える化する

標準類を整備し、情報を見える化します。

▶▶ 現品票

　現品票は、品目・品番・数量・納期・納入先・製造番号などを記載し、納入容器単位に添付する帳票です。製品（モノ）の入った収容箱に現品票を貼り、モノと情報を一致（**情物一致**）させます。

▶▶ かんばん

　かんばんは、生産・納入指示書と現品ラベルの機能を兼ねた帳票で、生産・運搬の指示を行う道具です。つくっても良い／引き取りするという情報であり、何を・いつ・どこに・どれだけ・どういう順序で生産するか、運搬するかの指示です。

---

①**生産指示（仕掛け）かんばん**：工程内の生産を指示するためのかんばんで、**工程内かんばん**と**信号かんばん**がある。

・**工程内かんばん**：工程内の仕掛けに用い、工程に引き取られた量を引き取られた順序で後補充生産するために使うかんばん。

・**信号かんばん**：ロット生産工程の仕掛けに用い、一定量になった段階でかんばんが外れロット生産指示となり、在庫が無くなるタイミングと生産が完了するリードタイムを見比べながら仕掛けを行う。形が三角形をしているので「三角かんばん」とも呼ばれる。

②**引き取りかんばん**：**引き取りかんばん**は、運搬を指示するためのかんばんで、**外注部品引き取りかんばん**と**工程間引き取りかんばん**がある。

・**外注部品引き取りかんばん**：外注先を前工程とし、かんばんが外れた分だけ外注先が納入するために使うかんばん。

・**工程間引き取りかんばん**：社内で後工程が前工程から必要なものを必要な時に必要な量だけ引き取るために使うかんばん。

---

③**特殊かんばん**：「特殊かんばん」には、**臨時かんばん・先行かんばん・プールか
んばん**などがある。工程間に直差等がある場合やあらかじめ計画的につくり
だめする場合など特殊な場合に用いられ、かんばんが何度も回転することは
無く発行後回収される。

▶▶ 納品書・受領書・支給書

納品書は、受注者が部品を納入する際に使用する部品番号・数量などを記載した
帳票です。**受領書**は、発注者から受注者に対する部品受領証明書です。**支給書**は、発
注者が受注者に対し部品供給する部品番号などを記載した帳票で、多品一葉方式と
一品一葉方式があります。

引き取りかんばん

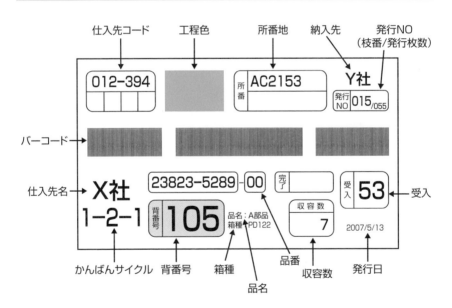

ダイエットにおける見える化

　ダイエットにもいろいろなものがありますが、見える化するダイエット方法もその一つです。例えば、

　①毎日一定時に体重計にのり、その値をグラフに記入して日々の変動がひと目で分かるようにする
　②3食の食事のメニューをノートや写真に記録し、毎日のカロリー摂取量を見える化する
　③万歩計を持ち歩き1日の歩行数を記録し、消費カロリーを見える化する

などです。
　このように記録し、日々の推移を見える化することでそれに対する意識が芽生え、自ずと食事の量や中身に気を使うようになり、ちょっとした運動などにも取り組むようになります。
　つまり、「見える→意識する→努力する→結果につながる」のです。

第**6**章

日常管理を
見える化する

　一般に「管理」とは、組織においてある目的を効果的でなおかつ能率的に達成するために、組織そのものの維持や発展を図ること、あるいは企業目的を達成しつつ活動を円滑にするための諸活動のことを指します。これらの活動ではヒト・モノ・カネ・情報などの経営資源を調達し、効率的に配分し適切に組み合わせることが求められ、計画、組織、指揮、調整、統制を回していくことが課題となります。そのために製造現場では、生産管理・購買管理・在庫管理・工程管理・品質管理・設備管理・原価管理・安全管理、労務管理など様々な日常管理が求められます。

　そこで、本章では、これら日常管理を見える化するアプローチを、解説いたします。

方針管理と日常管理

階層に応じた管理のスタイルを構築します。

▶▶ 方針管理

　方針管理は、現状を打破して事業や組織を進化させるための**改善の管理**です。問題に対しそれを打ち破るための**現状打破のマネジメント**であり、経営戦略や年度の経営計画に基づき方針展開していきます。**方針展開**は、目標を下位へと展開する**目標展開**、目標から方策、方策から下位の方策へと展開する**方策展開**があります。上位で立案された戦略や経営計画を下位の実行組織へと展開するものです。全社目標は、様々な部門がその役割や責務を果たすことで実現しますので、下位の部門の果たすべき役割や責務に応じて目標を分解して展開します。方策展開は、目標を達成する手段を方策として明確にすることです。方策は、目標を実現する手段であり、手配・配置・調整・準備・開発・投資などの改善策を立案し、実行し、効果を確認しながら見直しをしていきます。よく言う、Plan・Do・Check・Actionという**PDCAサイクル**を回すことが求められます

▶▶ 日常管理

　日常管理は、現状の維持を行い事業や組織の基盤を揺るぎないものとするための**維持の管理**です。決められたことを決められた通りにするための、**現状維持のマネジメント**です。標準を決め守らせ、観察し守れない所があれば、処置・対策し、再度標準をつくり直していきます。つまり、標準・基準・ルールをつくることから始め、Standard・Do・Check・Actionという**SDCAサイクル**を回します。

▶▶ 方針管理と日常管理の関係性

　工場長などの上位階層に求められるものは、現状を打破し物事を変えていく力です。つまり、改善のマネジメントである方針管理に比重が大きくなります。一方、下位階層になれば、決められた標準・基準・ルールをきちんと守る力が求められます。つまり、現状維持のマネジメントである日常管理です。さらに、中間階層には、日常

管理の中でも**変更管理**と呼ばれる**変化点管理**も求められるようになります。

　しかしながら、日常管理がきちんと回らなければ、上位階層の人たちは、その管理や後始末に追われ、本来なすべき改善の管理（方針管理）に手が回らなくなります。ですから、まずは日常管理として、標準・基準・ルールを決め、職場の秩序を構築することが大切です。

方針管理と日常管理

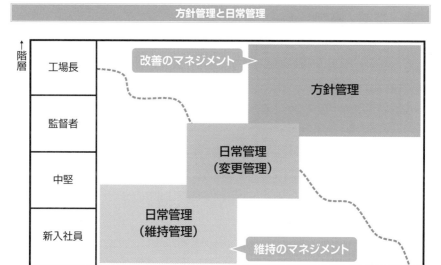

標準・基準・ルールを決めて、見せる化する

ルールがあっても見えなければ、誰も守りません。

▶▶ 標準・基準・職場のルールを決める

例えば、直線で道幅の広くて交通量の少ない制限速度60kmの道路があったとします。ここに道路標識が無ければ、どうなるでしょうか。多分、多くのドライバーは制限速度以上のスピードを出してしまうでしょう。道路標識で制限速度を見える化させることで、それが意識され反則金・違反点・免許停止などの行政処分を恐れて、スピード抑制につながります。

同様に、あなたの職場ではどうでしょうか。

> - 制限速度60kmに相当するような様々な職場の決めごとやルールが各所にあるか？
> - そのルールは文書化されたものになっているか？
> - その文章はファイルに保管されているだけでなく、現場で誰が見ても分かるようになっているか？
> - そのルールは、正しく教えているか。守らない者がいたら叱っているか？

このようにまずは**ルールを決める**ことがスタートです。モノの置き方や職場のマナーなどちょっとしたこと、すぐに乱れるような当たり前のこと、今特に注意すべきようなことなど職場の中の様々な行為をルール決めし、**当たり前のことを当たり前に行う**ことができるようにします。

▶▶ ルールの見せる化

ルールがあっても机の引き出しやPC内に仕舞っておいたのでは、誰もルールを忘れてしまい守れません。ルールをつくったのであれば、それが見えることで意識され、守られます。そこで、用紙・看板類の大きさ・形・色、文字の大きさ・色・字

体、掲示する場所・位置・高さなどを工夫し、注意を引く見せ方を行います。

　例えば、フォークリフトの制限速度は5km、このエリアは保護具の着用、そのエリアは騒音管理区分により耳栓着用などというようにルールを**見せる化**します。

▶▶ KMK活動

　ルールを決めて、見せることができれば、次は**KMK活動**です。

- **K**：ルールを決める
- **M**：ルールを守る／守らせる
- **K**：ルール通りに行っているか観察し、できていなければ改善する

　このような活動を通じて、ルールを現場に定着させます。また、守れないようなルールがあれば、ルール自体を改善し修正していきます。

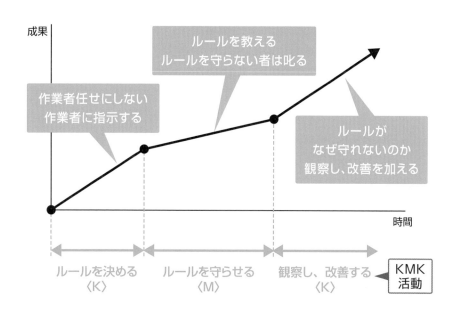

当たり前のことを当たり前に行う

6-3
ルールが守れない要因を
洗い出し対策する

非正規社員や外国人労働者など多様性の高い職場では、なかなかルールが守れない
ことが起こります。

▶▶ ルールが守れない要因と対策

ルールが守れない要因とその対策案事例をご紹介します。

---

①**ルールを知らない、忘れてしまった**：ルールがあっても机の引き出しやPC内に
仕舞っていては、「そんなルール知らなかった、忘れていた」と言い逃れされ
てしまう。ルールは**見せる化**する。

②**ルールを理解していない**：ルールには、そのルールができた背景やそれが及ぼ
した影響がある。例えば、作業服の「ボタンをしろ！」と言ってもなかなか守
らない場合、ただと叱るだけではダメで、なぜそうするのか、しないとどうな
るのかということを説明し、相手に**納得**させる。ルールの背景や影響まで説
明し、理解させ、Know-Whyまで教えることが大切。

③**ルールを説明しただけで根気よく教えていない**：外国人労働者に対し一方的に
説明だけして「分かったか？」と尋ねると答えに「YES」が返ってきて、実際
にやらせると、頓珍漢な間違いをしでかすことが起こる。**TWI-JI**（仕事の教
え）であるように急所を言わせる、分かったと分かるまで確かめるなどでき
るまでしっかり教えることが大切。

④**ルールを守らない者に叱り方が分からない**：一昔前は鬼のような監督者がいて
職場には緊張感が溢れていたものでしたが、叱ると若い人はすぐ辞めてしま
うとかパワハラだとかで、叱れる監督者が少なくなりつつある。また叱り方
を知らない監督者も多くいる。人格を否定するような**人**そのものを叱るので
はなく、**環境・結果**、**行動**、**能力**、**信念・価値観**といったどこに焦点をあてて
叱るかを教える。

---

⑤**ルールを守っていないことに気づかない**：例えば、高さ制限を決め表示をしても、守っていないことに気づかないことが起こる。このような場合は、その高さにバーなどの障害物で**道具化**し、強制的制約で守れるような工夫を行う。

⑥**犯人捜しで終わっている**：ミスをした場合、ミスをした作業者に目が行き、「誰がやったんだ」という犯人捜しに終始することがある。人は、適度な緊張感をもって仕事をしていても、1000回に3回はミスを発生させ、そのミスに気がつかず、流出させてしまう見落としのミスも1000回に3回あり、これを掛け合わせると**100万分の9**が、**ヒューマンエラーの限界**と言われる。そこで、人ではなく、**事象**に対する改善を行い、ミスの原因を除去する。

⑦**作業の指示が曖昧で、報連相が無い**：仕事は指示から始まるが、その作業指示が曖昧で報連相の希薄な職場では確認したり質問したりすることができず、ルール通りに事が運ばないことが起こる。職場内の**コミュニケーション活性化**が大切。

⑧**維持管理のサイクルが回っていない**：そもそもルールが無い、あっても監督者の気分でころころ変わるようでは困る。Standard・Do・Check・Actionの**SDCAサイクル**を回し、守り／守らせ、できていなければ改善する。

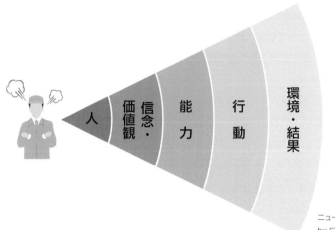

叱り方

ニューロジカルレベル
by.ロバート・ディルツ

①**環境・結果** …… 月末の成績が悪かったから叱るというレベル。

②**行　動** ………… 成績が上がらなかったのは訪問件数が少なかったから叱るというレベル。

③**能　力** ………… プレゼン能力がなく、話が分かりづらかったので叱るというレベル。

④**信念・価値観** …… 何としても目標を達成するという思いが見えないことで叱るというレベル。

⑤**人** ……………… 人そのものを叱るというレベル。
やってはいけないことは、人格そのものを否定するような叱り方です。
お前はだめだ、など抽象的に否定するのではなく、結果なのか、行動なのか、どのレベルなのか、ということで叱ります。

人格を否定するような叱り方をしてはいけない

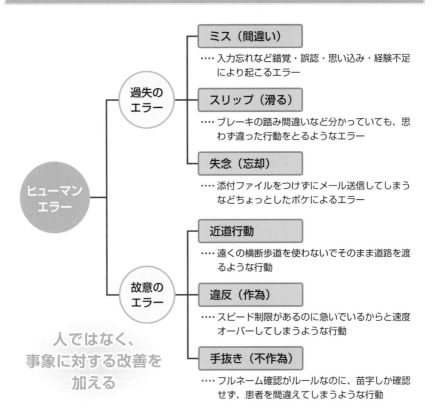

ヒューマンエラー

過失のエラー
- **ミス（間違い）**
  ･･･ 入力忘れなど錯覚・誤認・思い込み・経験不足により起こるエラー
- **スリップ（滑る）**
  ･･･ ブレーキの踏み間違いなど分かっていても、思わず違った行動をとるようなエラー
- **失念（忘却）**
  ･･･ 添付ファイルをつけずにメール送信してしまうなどちょっとしたボケによるエラー

故意のエラー
- **近道行動**
  ･･･ 遠くの横断歩道を使わないでそのまま道路を渡るような行動
- **違反（作為）**
  ･･･ スピード制限があるのに急いでいるからと速度オーバーしてしまうような行動
- **手抜き（不作為）**
  ･･･ フルネーム確認がルールなのに、苗字しか確認せず、患者を間違えてしまうような行動

人ではなく、事象に対する改善を加える

指示内容がよくわからなかったけど、取りあえずやっておこう。

コミュニケーションを活性化させる

第6章 日常管理を見える化する

6-4
異常を見える化する

異常を明らかにし、管理監督者は異常に対する処置を行います。

▶▶ 正常を定義する

ルールを決めるということは、**正常**を定義することです。例えば、性別・年齢・家庭環境・国籍などにより、人々の価値観は多種多様となります。ある人にとって「正」なることも、別の人から見れば「異」なることも生じます。そこで、誰にも分かるようなルールを決め、正常状態を定義します。

▶▶ 異常の見える化

正常が定義できれば、そこから外れたものは全て**異常**です。異常があるということは、そこに問題があるということです。問題が見えるようになることで、改善ニーズが生まれていきます。

▶▶ PDCA サイクルを回す

見える化が進むと、様々なムダや問題・課題が見えてきます。それらは、すなわち改善ニーズです。改善ニーズが見えることで、行動が生まれます。問題・課題の解決方法を立案 (Plan)、実施 (Do)、効果の評価 (Check)、見直し (Action) という改善プロセスを、スピードをもって何度も回しながら改善を行っていきます。改善においては、このスピードが非常に重要です。例えば、段ボールやガムテープなどを用いてトライを積み重ねます。**巧遅より拙速**で、アイデアの浮かんだ取りあえずの案でもよいので素早く実行してみることが、大きな成果を生んでいきます。

▶▶ 在庫水準を下げ、さらに問題を見える化する

たくさんの在庫を持って、余裕綽々の状態で生産管理を進めていけば、安心は増しますが、経営力は低下します。しかしながら、在庫が少ない中で仕事をすると、どうなるのでしょうか。

- 欠品をしないために納期に敏感になる
- 不良品を減らそうとする
- トラブルでライン停止にならないようにメンテナンスを心がける
- 工程間の停滞を無くそうとする
- 一部署の問題が工程をまたぐ問題になってくる

など危機感が増し、それらの対策を講じることで管理力が一歩高まります。一段落すると、さらにまた在庫を減らします。水の中にある山の如く、水面の高さを下げれば、山の頂はだんだん見えてきます。水面の高さ＝在庫、山＝問題です。在庫を下げれば下げるほど、問題が見えてきます。一度に在庫を下げれば問題に対処できないため、徐々に在庫を下げ、問題を改善しながら管理力を高めていきます。

在庫水準を下げ、さらに問題を見える化する

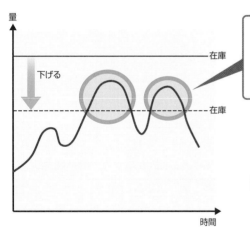

つくり過ぎは問題が隠れ、手を打つべきところがわからない。在庫は麻薬。つくり過ぎは改善意欲をそぎ取ってしまう。

何故不良が発生したか？
何故納期遅れになったか？
何故設備が故障したか？

困らないから
誰も真剣に考えない

6-5

各種日常管理項目を
管理板で見える化する

日常管理項目には、4MやQCDSなどに関係する様々なものがあります。そこで、それらを管理板などで見える化し、日常管理を行います。

▶▶ 始業の管理

　時間管理は、しつけの基本です。決められた所定時間内では100%働き、休憩時間や昼食時間ではきっちりと休息するというオン／オフの区別を明確にします。そのためには作業の始業時管理をきちんと行なう必要があります。始業と同時にラインが動き、定時内は100%稼動している状態をつくります。作業者の点呼、安全確認、今日の仕事の段取りなどを行い、定時になると同時に良品ができてくるように準備します。アイドリングが必要な設備は前もって起動させておき、今日の作業に必要な部材や工具はあらかじめ用意しておきます。

　特に、初物（初品）は品質が安定しないことが多いため、**初物（初品）管理**を初物処理3点セット（**現品、検査成績表、初物手続書**）などで行うことにより良品率を高めます。

▶▶ 終業の管理

　休憩時間に入る時や終業時は、**完結して終わる**ことが基本です。仮に途中になった場合は、**作業中断カード**を用います。作業や設備の定位置管理で**定位置**を明確にしておくことも重要です。再始動する時にどこまで作業していたのか不明確であれば、ビスの付け忘れなどの品質不良をまねく恐れが出てきます。突然作業者が入れ替わっても、誰でも間違いなく再始動できるように手順を明確にしておきます。

　また、**終業時管理**では、一日の作業の結果を日報・点検表・引継ぎ表などにまとめ、出来高や不良率を終物管理として確認することも必要です。

▶▶ 監督者の日常管理

　毎朝および作業開始直後など定期的に、自職場内を巡回します。巡回に際しては、**監督者行動基準管理表**をつくり、巡回の頻度や点検項目をあらかじめルール化して行います。品質確認項目が守られているか、決められたことが守られているか、安全に行っているか、設備故障の予兆はないか、納期遅れの心配はないかなどトラブルとなりそうな小さな芽を見つけ、事前に摘み取ることを行います。

監督者行動基準管理表

区分		実施事項	文書・記録	頻度	4/1	2	…	30
品質	1	行動基準の実施状況確認	監督者行動基準管理表	1/直				
	2	検査日報の確認	工程内不良推移表	1/直				
	3	不合格品手直しの確認	工程内手直し記録表	都度				
	4	4M条件管理チェックシートの確認	4M条件管理チェックシート	1/H				
	5	異常連絡書の是正措置の確認	異常連絡書	都度				
	6	作業手順書・要領書の作成改訂の確認	作業手順書・要領書	都度				
	7	工程異常の報告	アンドン	都度				
	8	業務連絡日誌の確認・記入	業務連絡日誌	1/直				
	9	刃具交換の実施状況確認	刃具交換品質チェックシート	1/直				
	10	…						
生産	21	ライン停止時間の記録と是正措置	生産管理板	1/直				
	22	台あたり実績時間の記録と是正措置	ライン生産状況	1/直				
	23	欠員人員の把握と配員調整	朝礼	1/直				
	24	…						
安全	31	職場安全衛生委員会の実施	実施報告書	1/M				
	32	新配属者の作業観察	作業観察チェック表	1/M				
	33	…						
…	…	…						

日常管理における変更管理

工程管理＝日常管理＋変化点管理です。

▶▶ 3H作業

3Hとは、

- ・初めて
- ・久しぶり
- ・変更

の頭文字Hを取ったもので、事故やトラブルが発生する確率が非常に高くなります。

▶▶ 変化点管理

特に、変更に関しては、今まで流れていた作業が一時停止し変更を生じた上で再始動する時、例えば、

- Man：人（人数、力量、意識）→作業者の入れ替え時
- Machine：施設・設備・機械（ハード・ソフト）→設備の入れ替えやメンテナンス終了時
- Method：方法（やり方・手順、技術・手法、しくみ、システム、スピード）→治工具の交換時
- Material：原材料・購入品・資材（有形・無形、コンテンツ）→品種切り替えやロット切り替え時

などの4Mが変化する時（**変化点**）に異常が起きやすいので、以下の手順で**変化点管理**を行います。

①何が「変化点」か、を決める

②「変化点」の管理項目と実施内容を決める

③「変化点」の標準類を整備する

④決めたことを守る

▶▶ 変化点管理板の作成

　変化点の標準類を整備するものとして、**変化点管理板**があります。変化点・工程・変更内容・変更日・確認事項などを記入し、どこでどのような変化点が生じるのか明らかにします。

　また、変化点が発生する時はどこでどのような変化点が発生しているのか品質確認工程マップにて明確にし、注意をうながします。特に、変化点後の初物は入念に検査し、NGであればラインから撤去し、良品が安定的に出てくるのを確認した上で作業再開します。

変化点を見える化する

Man

Machine

変化点管理

1. 何が「変化点」か決める
2. 「変化点」の管理項目と実施内容を決める
3. 「変化点」の標準類を整備する
4. 決めたことを守る

**4Mが変化する時
＝変化点**

Material

Method

**異常や不良が発生する
リスクが高まる**

変化点管理板

	変化点 No.	ライン名（工程名）	変更内容	確認
Man	1	A001	作業者入替（見習い中）	
Machine	2	A005	設備メンテナンス（AM）	
Material	3	A003	ロット切り替え（PM）	
Method	4	A008	治工具交換（PM）	

日常管理の目的は？

　管理は、本来企業の目的ではありません。企業の目的は収益にあるからです。管理は、その収益を生み出す手段であり、ねらいとする結果を導くためにプロセスを仕組み化することです。管理本来の目的は、維持と改善活動にあります。管理が手段であるならば、管理それ自体はコスト（管理コスト）となります。

　したがって、投入する経営資源の総費用（インプット）に対し、常に管理の成果（アウトプット）が高まるように、効率化を図らなければなりません。

方向性および思いを
見える化する

　真っ暗闇の中、一人手探りで歩いていると、足元が不安で
どこを進んでいるのか見えず、足取りも重くなります。それ
が数人になれば、あちこちバラバラな方向に進んでしまい、
はぐれたり迷ったりする人も出てきます。このような中、小さ
な光でもこぼれていれば、それを目安に全員が同じ方向を向
き、進んでいくことができます。

　経営でも同様です。部門や階層など見えない壁があるため、
腹の中や頭の中の考え方・思いが分かりません。お互いに何
を考えているのか、何をしたいのか、何を助け合えるのか、と
いうような思いが見え、進むべき方向性が一致してこそヒト
という経営資源のシナジーが発揮できるのです。

　そこで、本章では、これら方向性や思いを見える化するア
プローチを、解説いたします。

7-1 あるべき姿とありたい姿を見える化する

理想の徹底追求 (やれることをやるだけでなく、やるべきことへの挑戦) を見える化します。

演繹的アプローチ

演繹法アプローチは、過去からの延長戦で考える**帰納法**アプローチと異なり、目的をベースにして、未来の**あるべき姿**をデザインし、そこから学びながら現状を変えてゆくアプローチです。

- **帰納法**：現状の知識、技能をベースに考える問題をつぶす改善活動で、少しずつ良くする方法 (負けないための改善)。
- **演繹法**：最初から高い目標を掲げて、発想を変えて知恵を出すことで目標に限りなく近づける方法 (勝つための改善)。

あるべき姿とありたい姿

あるべき姿VS**ありたい姿**VS**現状の姿**を描きながら改善を進めていきます。

- **あるべき姿**：現実では当面不可能であるがそうであったら良いなあという理想像で、すぐには手の届かないような高い目標を指す (いわゆる理想の姿)。
- **ありたい姿 (めざす姿・ねらう姿)**：あるべき姿より現実的に手の届きそうな数年先に到達可能な姿で、自分たちの環境や能力などを背景として努力すれば達成できる当面の目標を指す。
- **現状の姿**：現在のありのままの姿で、現在の実力 (能力) を指す。

問題とは、あるべき姿と現状の姿のギャップを言います。通常、このギャップが大きいため、ありたい姿という現実的に到達可能な位置にまで下して問題を把握し、

改善をはかっていきます。

帰納法と演繹法

帰納法	演繹法

少しずつ良くする方法
（一歩一歩階段を登る）

目標に限りなく近づける方法
（飛んだり跳ねたりして階段を登る）

あるべき姿とありたい姿

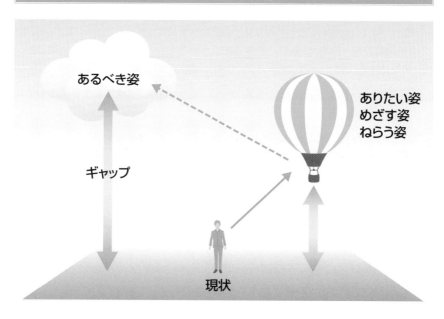

7-2

目的・方針・目標を見える化する

目的・方針・目標を明確にし、思いを見える化します。

▶▶ 企業理念と会社の目的・方針・目標

　企業（経営）理念・ミッションや会社の目的・方針は、ありますか。それが、見えるようになっていますか。見えなければ、例えあったとしても記憶に残りませんし、意識もされません。目に付くところに掲示されたり、カードにして常に持ち歩かせたり、毎朝唱和させたりすることで、やっと意識されるようになります。

　そこから、自部門として、自分（個人）として、どのような目的・方針で進むのかブレークダウンでき、具体的な目標に落とし込んでいくとこができます。

▶▶ 部門～職場（チーム）～個人の目的・方針・目標の設定

　会社の目的・方針に従い、自部門～自職場（チーム）～個人としての目的・方針を定め、目標を設定します。

> ①**目的の設定**：**目的**は、なぜこの課題に取り組むのかという理由。方針に則した自分たちのありたい姿（めざす姿・ねらう姿）でもある。全社の目的・方針を明確にした上で、それらと整合するように重要度・緊急度などを加味して個々の活動テーマの目的に下ろしていく。
> ②**方針の設定**：**方針**は、組織の向かうべき方向や共有する価値観・原則・こだわり。会社方針に従い、目的を達成するため、どのような考え方・アプローチで取り組むのかという方向性を示す。
> ③**目標の設定**：**目標**は、方針に則して目的を実現するために期限をきって到達すべきことを示したもの。それは到達点であり、到達できたか否か測定または判定可能なものでなければならない。具体的かつ**定量的**に、目標を測定する結果指標（目標値）を設定する。これが定性的で曖昧なものであると、目標に到達したのか／しなかったのか、結果を判断することができなくなる。

　つまり、目標は目的や方針の実現に寄与するものであることや全社の目標と整合したものであることが要件となり、いつまでにという達成期日が明示されなければなりません。また、目的・方針に基づく目標実現を目指すことにより、他方で発生する可能性があるリスク（危険性や問題）がある場合は、それらリスクを抑えることを目標に加えることも必要です。

▶▶ 部門〜職場（チーム）〜個人の目的・方針・目標の見える化

　企業（経営）理念やミッションが掲示されていても、部門〜職場（チーム）の目的・方針・目標が見えない所が多くあります。部門〜職場（チーム）のそれは個人にとってより近い道標です。自部門〜職場（チーム）のものを見せることにより始めて具体的な個人の行動に繋がってきます。部門〜職場（チーム）の目的・方針・目標は、それだけを見せるのでなく、**目で見る管理ボード（改善ボード）**などにして見える化するとより個人の行動に結びついていきます。

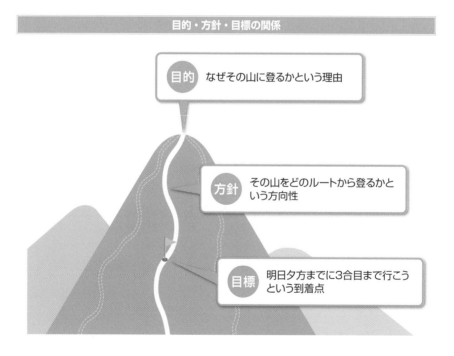

目的・方針・目標の関係

目的　なぜその山に登るかという理由

方針　その山をどのルートから登るかという方向性

目標　明日夕方までに3合目まで行こうという到着点

活動を見える化する

部門の目的・方針・目標などを織り込んだ目で見る管理ボードを職場単位で作成し、活動の見える化を行います。

▶▶ 目で見る管理ボード

各職場（チーム）において、目的・方針・目標に対する活動状況が見て分かるように**目で見る管理ボード（改善管理ボード）**を作成します。

目で見る管理ボードの目的は、以下の通りです。

---

① **必要な情報の形式知化と共有**
- ・組織の方針・目的・目標等の形式知化と関係者への周知にする。
- ・方針、目的を実現するための体制・手段・スケジュールなどを明確にする。

② **つながりを明確にする**
- ・組織の目標と個人の役割・行動のつながりを明確にする。
- ・目標を実現するために必要な行動を明確にする。

③ **自律管理**
- ・自分たちの進むべき道の認識を高める。
- ・適切な活動の継続を自ら監視し、確証を得る。
- ・影響が出る前に異常を検知し、アクション（予防・改善）をする。

④ **組織能力を高める**
- ・異能が集い、知識と経験を共有して、新たな気づきを得る。
- ・互いに助け合い、励ましあって、組織のストレス耐性を高める。
- ・競い合い、刺激しあって、競争心と向上心を高める。

⑤ **プライドと責任感を持たせる**
- ・自分たちの活動を公共の場に示し、活動に対するプライドと責任意識を高める。

⑥ **現地・現物・現認（三現主義）の推進**

　・経営者、幹部が現地　現物　現認で管理・改善活動にコミット（関与）する場
　　をつくる。

▶▶ 総合掲示板

　各職場（チーム）の活動状況、経過（プロセス）、達成状況などが、総合的にワンス
トップで見えるように総合掲示板を設けます。具体的な生産性・品質・人材育成・
重点管理項目などをグラフや図表化し、見える化します。

　PCの中では管理されていても、表（オモテ）に出なければ、行動に結びつきませ
ん。

目で見る管理ボード

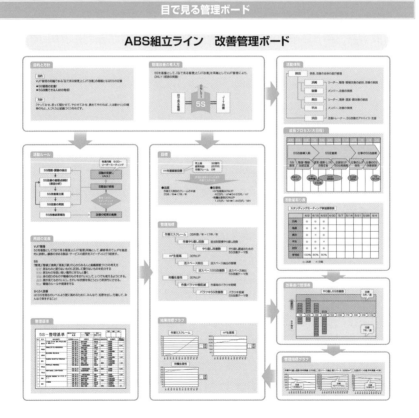

7-4
気づきや知恵を見える化する

いろいろな問題・課題が頭の中で見えてきても、それを誰もが分かる形に見せなければ課題の共有化は図れません。

▶▶ ネタ出し

普段の作業において、やりにくい、重労働だ、手待ちになっている、何かを探す、取りに行くなどちょっとした問題や課題に気づけば、それをカードに書きます。やりにくい／気づかい作業を洗い出しカード化し、誰もが見える所に掲示することで、課題が共有でき組織で解決するきっかけがつくられます。カードには、問題点・要望・日付け・記入者などの情報を書き掲示し、メンバーで共有します。次に、そこに書かれた課題に対する解決策を皆で検討し解決策を記入し、改善します。すぐに改善が図れないような金のかかる案やそもそも設計変更をしないと解決しないような案に対しては、管理者や設計開発部門を巻き込みながら情報共有し、改善をはかっていきます。

▶▶ 知恵の共有

個人の持つ力を「1」とすると、個で仕事をすれば、所詮「1」のアウトプットしか生まれません。個人として持っている力は「1」でも、同じ目的に向かって他者から別の力を授かることでその「1」の力が「2」にも「3」にもなっていきます。「3本の矢」の例えがあるように、一本の矢では簡単に折れてしまいますが、3本まとめて折ろうとしてもなかなか折ることができません。このように、お互いが進むべき方向や思いが見えるようになることによって、**相乗効果（シナジー効果）**が生まれてきます。

一人であれこれ悩んでいても、なかなかアイデアは出てきません。それが3人で悩めば「三人寄れば文殊の知恵」のように思っても見なかったいろいろなアイデアが沸いてきます。このようなアイデアがたくさん出ることにより、改善案もよいものが浮かんできて改善が促進されます。

▶▶ 定期的な発表会で共有化する

　改善の成果は、工場内・全社間・グループ会社間などで発表会を開いて、共有します。工程や製品が違えども必ずヒントとなるアイデアがいくつかあります。それら良いアイデアで自職場に使えそうなものは、どんどん真似をし、さらに自職場流にアレンジしていきます。また、発表会に参加できなかった人のために、発表資料はデーターベース上に公開し、誰もがアイデアを応用できるようにします。

　発表会のねらいは、

- 資料をまとめたり他人に話したりすることで、自分自身で活動のプロセスを振り返り、どのような行動をとってきたのか整理する。
- 改善ストーリーの流れを学習する。
- 他グループとの知恵の共有化を図る。
- 他グループの良いところを盗む。
- 自分たちのレベルがわかる。
- 残された課題を明らかにし、次のテーマ／目標へ進むことがしやすくなる。
- 改善結果が標準化される
- 他職場への横展開が可能となる。
- 人前で話すことで自信が生まれる。

などです。

ネタ出し

ネタ出しボード

やりにくい／気づかい作業洗い出しカード			
工程名		記入者	
問題点	何が： どうなっているのか：		
要望			
改善担当		改善内容	

7-5

改善をレベルアップしていく

見える化をツールにして改善を進化させながら、さらなるレベルアップを図っていきます。

▶▶ 管理者に必要な2つの要素

管理者には、結果を追求する活動と組織能力を高める活動の2つの要素があり、整合性のある活動をしていきます。

> ①**結果を追求する活動**：業務目標という決められた目標値を達成するための活動
> ②**組織能力を高める活動**：改善を通じて人づくりを行い、職場の成長目標を達成するための活動

つい結果を追求する活動だけになりがちですので、人を育て**組織能力**を高める活動も忘れてはなりません。

管理者に必要な2つの要素

業務目標と職場の成長目標の両側面

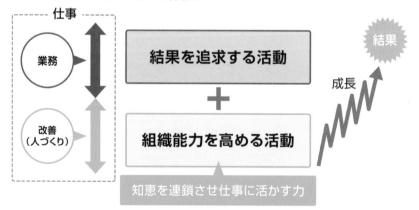

▶▶ さらなる改善へ

世間で流行っている○○生産方式を導入する企業は多々あるかと思いますが、その多くが失敗したり挫折したりしています。その理由のひとつとして、道具だけを真似る例です。道具だけ入れてもそれを自社流にアレンジする改善基盤がなければ、その効果は出ません。道具をいきなり入れるのでなく、小さな改善やすぐにできる改善から始めて徐々にステップを上げていきながら、改善風土を醸成していきます。

改善のレベルアップ・ステップは、通常以下の順序で進めていきます。

---

①**5Sと見える化**：5Sでバラツキを排除し、異常を見える化する。

②**日常管理の整備**：日常のルールを決め、見える化し、守らせる。

③**標準化の定着**：標準作業を決め、標準通りにできない点を見える化し、改善する。

④**ムダ取り改善**：ムダを見える化し、徹底的に排除する。

⑤**整流化改善**：工程間のラインバランスの悪さを見える化し、流れをつくる。

⑥**仕組みの改善**：押し込み方式から後工程引取りを念頭に、つくりの仕組みを見える化し、全体最適を図る。

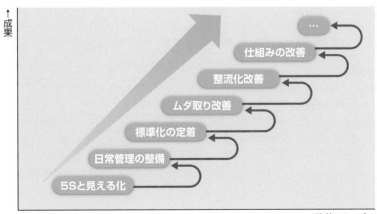

改善のレベルアップ・ステップ

第7章　方向性および思いを見える化する

海外でのKAIZEN活動

　昨今東南アジア諸国でもトヨタ生産方式などのKAIZEN活動がブームになっています。翻訳本が出版されたり、現地の産業団体が視察団を組んで来日したり、現地のコンサルティング・ファームが日本からの指導者を招いてコンサルティングを行ったりしていますが、文化・宗教・人種や国民性の違いからなかなか理解されないことが多いように思います。

　通常、ホワイトカラーとブルーカラーとの壁があり、前者は、学歴も高く知識欲も旺盛ですが現場にあまり行かずコミュニケーションもありません。後者は、自ら考えることはあまり無く、指示された作業を日々こなすのが毎日です。

　例えば、このような中でトヨタ生産方式を始めると、ホワイトカラー主体でシステムや道具が先行し、現場主体の改善はなおざりになってしまいます。形だけ「かんばん」が入り、「かんばんごっこ」で終わってしまいがちです。

　重要なのは、日々の改善です。改善を積み重ねることで初めてトヨタ生産方式から、トヨタの冠が取れ、自社独自の生産方式が生まれていきます。

全体および経営を
見える化する

　人間の視野が狭いとどうなるでしょうか。まっすぐ前しか
見ることができず、周りのことに気づかず、独りよがり自分勝
手な行動となってします。

　製造現場でも同様です。自部門のことしか考えない職場で
は、自分の都合のみでつくり易さ・経済性を追求するあまり、
大ロット・早めの着工・人のかかえ過ぎと言った現象が現れ
てきます。自分（自職場）では、黙々と一生懸命に仕事をして
いても、それが必ずしも工場全体・会社にとってプラスとは
限らないものです。

　そこで、本章では、これら部分最適ではなく全体最適を図
るアプローチを、解説いたします。

8-1
工場を見える化する

工場の全体像を見える化します。

▶▶ 外に対する見える化

顧客に自社製品をアピールする手段は、営業がカタログやサンプルを持参して説明する方法も一つですが、顧客を自社に招待し、モノづくりそのものをショールームにして見せることも非常に有効な手段です。良い現場からは良い製品が生まれます。そこで、誰が見に来ても恥ずかしくない自信の持てる工場をつくり、現場を**ショールーム化**します。

誰が見学に来られてもよい様に工程の入口には、**Welcomeボード（工程概要説明ボード）**を設置し、見学者にはまずそのボードで概要を説明してから、ラインの方に移動して現地現物で説明します

Welcomeボードとともに現物の製品サンプルも展示します。カットモデルや部品の構成パーツなどの説明があるとなおお分かりやすいと言えます。さらに、受賞した賞などの表彰状や表彰楯などの実績も見せる化します。

▶▶ 内に対する見える化

工場内の様々な動きが分かるように、**IOT（モノのインターネット、Internet of Things）**は、モノや設備の位置、状態、動き、環境などをインターネット接続で見えるようにします。例えば、使用量・残量の把握、設備状態の正常・異常動作を確認・検出する稼働監視、故障に対する兆候検知・予防保全、生産状況の進捗モニタリングなどを見える化し、さらに、制御、自動化という**スマート工場**へと進めていきます。

外に対する見える化

Welcomeボード

301ライン

役割
- 顧客満足
- …
- …

人員

		人数
直接	ライン	12
	供給	1
間接	スタッフ	2

生産計画

	月当り	日当り
生産数	8000	400
ラインタクト	2400	120

スローガン
- 安全第一
- 工数低減
- 不良ゼロ

工程レイアウト

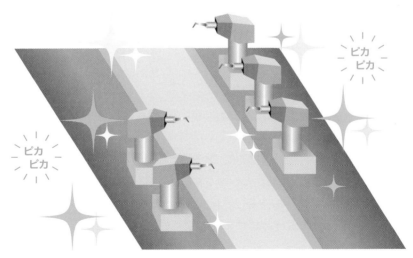

ピカ
ピカ

ピカ
ピカ

8-2
工場全体を鳥瞰する

部分最適から全体最適への見える化を図ります。

▶▶ ボトルネックを見つける

工場全体や物流・サプライヤーとの関連を眺めてみると、モノや情報が思わぬところで停滞（たまっている、まとまっている）していることがあります。これら工程間におけるモノや情報の停滞は、リードタイムを長くし、在庫を膨らします。**モノと情報の流れ図**を作成することで、この停滞箇所をつきとめ改善し、必要なモノだけをタイミングよくつくり運ぶことができ、各工程を部分最適から全体最適に変えることができます。

モノ自体だけでなく情報の流れを描くことは、モノをつくる指示がつくるための情報によって行なわれているためです。情報の出し方は非常に重要な役割を果たし、ここに工夫が足りないとムダを生むことになります。情報を早く出し過ぎるとつくりの早期着工となって在庫となり、情報が遅いと見込みでつくって、納期対応で現場が混乱することになります。各工程への情報が多過ぎるとそれぞれの工程が勝手につくり始め、連携の無いバラバラなつくりになってしまいます。

このようにモノと情報の流れの現状を明らかにし、**ありたい姿（ねらう姿・めざす姿）**を描くことでギャップが明らかになり、流れを阻害している箇所の改善を図ることができるようになります。

▶▶ モノと情報の流れ図の使い方

モノと情報の流れ図は、以下のような手順で使います。

---

①**現状の姿を描く**：現状を把握し絵にする。

②**あるべき姿を描く**：理想のイメージを描く。

③**問題点を抽出する**：現状の姿とあるべき姿のギャップから問題点を洗い出す。

④**問題点の評価・検証**：制約条件を加味して可能性・優先度を検討する。

---

⑤**ありたい姿（ねらう姿・めざす姿）を描く**：あるべき姿に到達するための当面の目標とする姿を描く。

⑥**個々の改善を行う**：ありたい姿（ねらう姿・めざす姿）に向けた改善を実施する。

▶▶ 記号と意味

モノと情報の流れ図は、以下のような記号を用います。

モノと情報の流れ図の記号と意味

用語	記号
モノの流れ	⟶
情報の流れ	┄┄┄➤
情報の種類 かんばん 　引き取り 　工程内 　信号 　他の道具（ボール等） 　臨時、プール	
タブレット	◎
指示（リスト）	
その他（電送、信号）	

用語	記号
かんばんポスト 　平準化 　上記以外 　シュート	
ライン	
納入先	
店（ストア）	
一時置き 　順序通り並んでいる 　上記以外	

全体を見える化する

モノと情報の流れ図は、代表的なある顧客の特定製品を一つ取り上げて情報や業務の棚卸をしながら、全体最適に必要なボトルネックを見える化します。

▶▶ 作成ルール

モノと情報の流れ図の作成は、以下の手順で進めます。

①顧客の記号をMAPの右上または右側に描く。納入指示を記載する。

②出荷場から始めて先頭（上流）工程へ向かう。

③モノの流れはMAPの下半分に左から右に前工程から工程順に描く。レイアウト通りに描く必要はない。メインの流れは中央にやや太めに描く。サブ工程は上下に描く。

④1つの工程の中は流れになっていること。仕掛りが停滞してまとめて運搬するのであれば独立した工程とする。

⑤情報の流れはMAPの上半分に右から左に向かって描く。

⑥標準作業の作業時間は必ず実測したものであること。

⑥情報はコンピューターで加工されている場合が多いため、インプットされる内容とアウトプットされる内容をプリントアウトして確認する。

⑦サプライヤーはMAPの左上または左側に描く。すべての購入品をMAPに描かない。主要な原材料・主要な外注先を描く。特に、調達リードタイムが長い部品や使用量の多い部品を描く。

⑧調査項目は、できるだけ図中に記入する。

⑨MAPの最下段には、時間線を描く。この時間線には、付加価値時間とリードタイムを記入する。仕掛り在庫なども数量を顧客の日当り必要数で割って計算し、時間で記入する。

▶▶ 着眼点

モノと情報の流れ図の最下段に描いた時間軸（**付加価値時間とリードタイムの比率**）から、付加価値時間に比べてリードタイムが長いことが分かります。これが見えるようになることで、リードタイムの短縮をねらった改善の足がかりができます。

▶▶ モノと情報の流れ図は３枚描く

モノと情報の流れ図は、「現状の姿」「あるべき姿」「ありたい姿（ねらう姿・めざす姿）」の３枚を描き、問題点を洗い出し改善を図ります。

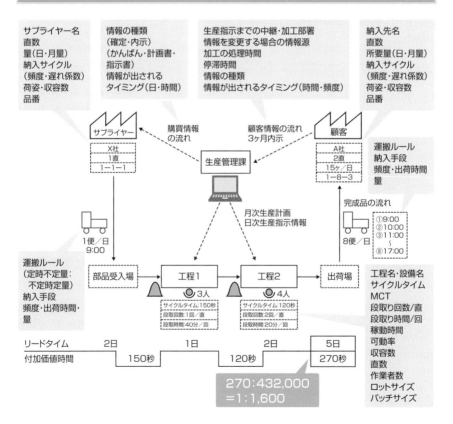

モノと情報の流れ図（現状の姿）

サプライヤー名
直数
量（日・月量）
納入サイクル
（頻度・遅れ係数）
荷姿・収容数
品番

情報の種類
（確定・内示）
（かんばん・計画書・指示書）
情報が出される
タイミング（日・時間）

生産指示までの中継・加工部署
情報を変更する場合の情報源
加工の処理時間
停滞時間
情報の種類
情報が出されるタイミング（時間・頻度）

納入先名
直数
所要量（日・月量）
納入サイクル
（頻度・遅れ係数）
荷姿・収容数
品番

サプライヤー
購買情報
の流れ
顧客情報の流れ
3ヶ月内示
顧客

X社
1直
1−1−1

生産管理課

A社
2直
15ヶ／日
1−8−3

運搬ルール
納入手段
頻度・出荷時間
量

月次生産計画
日次生産指示情報

完成品の流れ
①9:00
②10:00
③11:00
〜
⑧17:00

1便／日
9:00

8便／日

運搬ルール
（定時不定量：不定時定量）
納入手段
頻度・出荷時間・量

部品受入場 → 工程1 → 工程2 → 出荷場

3人
サイクルタイム:150秒
段取回数:1回／直
段取時間:40分／回

4人
サイクルタイム:120秒
段取回数2回／直
段取時間:20分／回

工程名・設備名
サイクルタイム
MCT
段取り回数／直
段取り時間／回
稼動時間
可動率
収容数
直数
作業者数
ロットサイズ
バッチサイズ

リードタイム　　2日　　　　　1日　　　　　2日　　　5日
付加価値時間　　　150秒　　　　120秒　　　　　270秒

270:432,000
=1:1,600

8-4
つくる側の論理からの脱却

部分最適を排除した流れをつくります。

▶▶ つくる側の論理からの脱却

原材料は、一回あたりの発注量を大きくして購入単価を安くし、**大ロット注文＝低コスト**を追求しようとします。加工場では、ロットを大きくしてまとめてつくることで段取り回数を最小にし、稼働率や生産性の高い**大量生産＝高効率**を追求しようとします。出荷場では、欠品を恐れていつ注文が来てもすぐに出荷できるよう在庫は多い方が安心という**安全在庫神話＝安心賃**を追求しようとします。この結果、**原材料在庫・仕掛品在庫・完成品在庫**が生まれ、流れが悪くなります。

原材料在庫・仕掛品在庫・完成品在庫は、確かにその時点の仕入単価／製造単価が安く見えます。しかしながら、その製品が、完成して売れてはじめて現金が回収されます。初期段階で安く仕入れつくっても、それが在庫として残れば、現金は回収されず、キャッシュフローが滞ります。つまり、在庫を持つことで、資金が在庫に化けてしまい、現金を遊ばせることになります。大量仕入や大ロット生産は、投入資金も大きくなり、金利負担がかさみ、回収も長期間となります。

このように**ある時点**で考えるのではなく、儲けるための視点を**期間**として捉えることが大切です。

▶▶ 細くて速い流れをつくる

期間として捉えれば、在庫をかかえてその在庫から出荷する（ストック思考）ではなく、在庫を持たずに顧客が要求したものをいかに早くつくる（フロー思考）ことが必要です。団子状態でまとめてつくる太くて短い流れではなく、小さな単位で速くつくり、**細くて速い流れ**で整流化します。

これにより、リードタイムが短縮され、

- 必要なキャッシュフローが少なくて済む
- 在庫スペース減少、在庫による金利負担が軽減できる
- オーダ打ち切り時の在庫リスクの軽減、在庫・死蔵品などを捨てるムダが少なくなる
- 市場変動、設計変更に即応でき、売れるものを売れる時にタイミングよく生産できる
- 不良などのフィードバックが早くなり不良対策が迅速になる
- 生産計画の確定を遅らせることができ見込み違いなどの変更が減る、生産計画とその遂行能力が向上する
- 飛び込み、特急が発生しても迅速に処理でき、つくる能力が強化される
- 部品手配、在庫管理などの間接費が低減される
- 異常が分かりやすくなる

などの効果が生まれます。

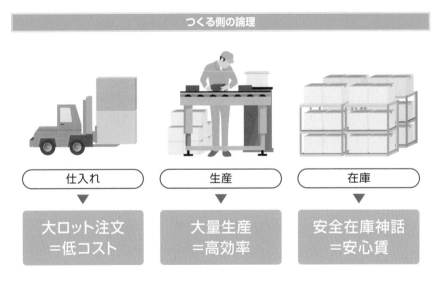

つくる側の論理

仕入れ	生産	在庫
▼	▼	▼
大ロット注文 =低コスト	大量生産 =高効率	安全在庫神話 =安心賃

第8章 全体および経営を見える化する

227

8-5 整流化改善でリードタイムを短縮する

整流化を図りリードタイムを短縮します。

▶▶ トータル・リードタイム

トータル・リードタイムとは、調達リードタイム＋生産リードタイム＋物流販売リードタイムになります。中でも、生産リードタイムは、原材料が工場に入り加工され出荷されるまでの時間を指します。

▶▶ 生産のリードタイム

受注を受け出荷されるまでの生産リードタイムは、**加工時間＋停滞時間**で構成されます。

生産のリードタイム＝加工時間（正味作業時間＋付帯作業時間）＋停滞時間（情報の停滞時間＋検査時間＋運搬時間＋手待ち時間＋……）

▶▶ 加工時間の短縮より停滞時間の短縮

モノと情報の流れ図を書くと、付加価値時間とリードタイムの比率が分かり、加工時間1に対して停滞時間はその何十倍～何百倍あることが見えてきます。この意味するところは、改善の狙いどころを、加工時間より**停滞時間**を狙った方が、効果が大きいということです。停滞時間が短縮されれば、**滞留**がなくなり、**在庫**も少なくなります。

▶▶ 滞留＝在庫の原因と対策

滞留が生まれる原因とその対策は、以下の通りです。

・**原単位**：例えば、2本単位で注文を受け、生産ロットは5本単位、機械は1本単位しか充填できず、出荷は4本単位など単位がバラバラになると工程間に滞留

（在庫）が生まれる。対策としては、単位をそれぞれ合わすか、難しければ2の整数倍にして端数が残らないようにする。

- **流れ・サイクル**：例えば、原料と容器の入荷タイミングや生産日がずれれば、滞留（在庫）が生まれる。対策としては、生産計画と調達計画の同期を図りタイミングを近づける。また、マシンサイクルがA機械60秒、B機械90秒であれば、30秒間の留（在庫）が生まれる。対策としては、マシン・サイクルタイムを合わせ同期化する。

- **予定外・割込み**：割込みなどにより現在の仕事が中断され、滞留（在庫）が生まれる。対策としては、できるだけ小ロット生産にし、変動対応できるようにする。

- **外的な待ち**：顧客など外部からの要望や回答待ちなどにより滞留（在庫）が生まれる。対策としては、営業など部門間の見える化を図り、迅速な情報共有ができる仕掛けをつくる。

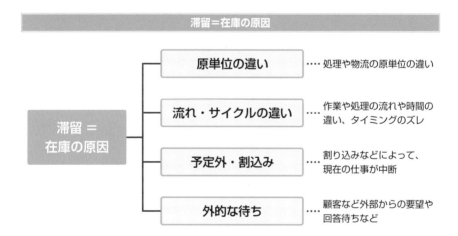

滞留＝在庫の原因

滞留 ＝
在庫の原因

- 原単位の違い ···· 処理や物流の原単位の違い
- 流れ・サイクルの違い ···· 作業や処理の流れや時間の違い、タイミングのズレ
- 予定外・割込み ···· 割り込みなどによって、現在の仕事が中断
- 外的な待ち ···· 顧客など外部からの要望や回答待ちなど

8-6
経営を見える化する

職場ごとに経営を意識させます。

▶▶ 損益管理の事例

実際原価計算には、

- 個別原価計算（直接労務費・直接経費・製造間接費に細分化する）
- 総合原価計算（加工費に集約）

の2通りがありますが、ここでは総合原価計算による簡単な事例を紹介します。

まず支出を管理するために必要なデータとして、

① **直接材料費単価**：1個あたりの原材料費。平均法などで材料単価を決める。例えば、1,500円／個。

② **加工費単価**：直接労務費（1人1時間あたりの賃金／賃率）、直接経費、製造間接費（間接材料費・間接労務費・間接経費の配賦）を1人1時間あたりの単価として決める。例えば、3,600円/h。
単価が決まれば、それをいくつ作ったかで合計します。

③ **直接材料費**：計算式＝直接材料費単価×1日あたりの投入加工数＝1日あたりの直接材料費。例えば、1,500円×210個＝315,000円。

④ **前工程費（外注費）**：1日あたりの前工程の製造原価や外注費を求める。例えば、100,000円。

⑤ **加工費**：計算式＝加工費単価×総投入工数。例えば、3,600円÷60分×2,540分＝152,400円。

⑥ **製造原価**：計算式＝直接材料費＋前工程費（外注費）＋加工費。例えば、315,000円＋100,000円＋152,400円＝567,400円。

続いて、収入を管理するデータとして、

①**製造売上平均単価**：1個あたりの製造売上高。平均法などで売価を決める。例えば、5,000円／個。

②**製造売上高**：計算式＝製造売上平均単価×1日あたりの生産量（良品数）＝1日あたりの収益。例えば、5,000円×185個＝925,000円。

ここから損益管理として、

①**製造利益**：計算式＝製造売上高－製造原価。例えば、925,000円－567,400円＝357,600円。

②**製造利益率**：計算式＝製造利益÷製造売上高。例えば、357,600円÷925,000円×100＝38.7％。

③**直接材料費率・前工程（外注）費率・加工費率**：製造原価の中でこの3つの内どれがウェートが高いか比率を求める。例えば、55.5

④**製造原価率**：計算式＝製造原価÷製造売上高。例えば、567,400÷925,000×100＝61.3％。

　以上が、作業日報から日々管理する指標となり、推移をグラフ化します。異常値が日々見える化されるので、その異常に直ぐに処置（改善）を取るようにしていきます。その処置が適切に行われていけば、月次のアウトプットは良い結果に至るはずです。

8-7
見える化で会社は変わる

見えなかったものが見えるようになるだけでは、会社は変わりません。見せることから人を動かすことができてはじめて会社が変わります。

▶▶ 改善ファシリテーション

会社を変える存在として、経営トップは勿論ですが、**改善ファシリテーター**の役割も重要です。

ファシリテーションとは、促進する・容易にする・円滑にする・スムーズに運ばせる・まとめる・仕切る・引き出すというのが原意です。発言を促したり、話の流れを整理したり、参加者の認識の一致を確認しながら相互理解を促進し、合意形成へ組織を活性化させることです。改善が円滑にかつ容易にできるように支援し、うまくことが運ぶように中立的な立場でカジ取りすることです。

見える化ができ、問題が浮き上がっても改善が定着していない組織では、行動がなかなか進みません。そこで、集団による問題解決、アイデア創造、合意形成、教育・学習、変革、自己表現、成長など、あらゆる知識創造活動の場をつくり支援し促進していくことを促す者をつくり、改善を促進します。この者を**改善ファシリテーター**（協働促進者）と呼びます。

改善ファシリテーターの役割は、いわゆる裏方の黒子のリーダーで、参加者が自分たちで目標を設定し問題解決していくことを手助けします。見える化された問題・課題に対して、直接答えを言うことはしません。それら問題／課題は、自分の仕事そのものなので現場の作業者の方がファシリテーターよりは熟知しています。しかしながら、それゆえ過去のやり方や常識から離れることができず、新しい発想も浮かびにくいとも言えます。そこで、改善ファシリテーターは、人や組織との関係的過程や、結果に到達するまでの進め方などの中間過程（いわゆるプロセス）をアドバイスしながら、プログラム、スケジュール、ツールなどのプロセスの設計と関係者とのコミュニケーションの取り方や交通整理、軌道修正、部門間調整などのプロセスの管理を行い、見える化で明らかになった問題・課題の改善行動を促進させます。

▶▶ 行動が伴えば、会社は変わる

　見える化で、いろいろな悪さが見えるようになり、それに対して誰もが行動を起こすような仕組みができれば、確実に問題がつぶされます。時間の経過や環境変化とともに、問題は次々と新たなものが浮かび上がってきますので、常に見える化を繰り返し、改善していきます。この繰り返しが、着々と人を変え、組織風土を変え、会社を変えることになります。

行動が伴えば、会社は変わる

見える化

行動

考えるだけで
動かない

組織風土改革
企業改革

改革が成功しないのは……

　「真剣だと知恵が出る、中途半端だと愚痴が出る、いい加減だと言い訳ばかり」の格言のように改革の初期段階は、愚痴や言い訳に翻弄されます。このような段階から真の改革を進めていくには、社員発の自律的な改革へと落とし込まなければうまくいきません。社員が、自ら古い制度（やり方、仕組み、手順など）の不合理性に気づき、新しい制度の必要性を認識しなければ、本当の意味での改革は成功しません。

　のどの渇いていない馬を無理やり水飲み場に連れて行っても水を飲まないのと同様に、変えることの必要性・必然性を感じていない社員に、いくら新しい制度を押し付けても決して成果は得られません。社員一人ひとりが自発的に変えようと考え、自律的に動かない限り改革は成功しません。

見える化度が
企業のレベルを表す

　我々コンサルタントは、よく工場簡易診断を行います。半日程度で工場を巡回し、企業のレベルを評価します。その際のポイントは、見える化度です。見える化がよくできている会社は、モノづくりのレベルが高く、人づくりがよくなされていると言っても過言ではありません。

　そこで、本章では、前章までの見える化の状況が、貴社ではどの程度なのか自己診断して頂きます。

見える化診断100

下記の100項目に関し、見える化度を3点満点で自己評価をして下さい。

●評価基準（例）

・0＝×（そうなっていない、モノがない、できていない、ルール・仕組みがない）
・1＝△（現地現物でそうなっている、ルール・仕組みが実際にあるが見える化されていない）
・2＝○（それらが見える化されている、誰でも分かるようになっている、表示されている）
・3＝◎（見える化が現実に即したものになっている、最新性の維持がなされている、機能している）

●見える化診断項目

分類		項目	評価
① モノの見える化	整理	モノの要／不要が区別されている	0・1・2・3
		不要なものが定期的に処分されている	0・1・2・3
		ライン側の仕掛品を時間の目盛りとしてとらえている	0・1・2・3
		整理行動を起こさせるためのツールがある	0・1・2・3
	整頓	動作経済の原則を考慮した置き方に努めている	0・1・2・3
		定置・定品・定量がある	0・1・2・3
		材料は先入れ先出しなどができている	0・1・2・3
		治工具は形跡管理などができている	0・1・2・3
		ロケーションがマップなどで管理されている	0・1・2・3
		誰でも分かる表示になっている	0・1・2・3
	清掃	清掃の日常化の仕組みがある	0・1・2・3
		設備の清掃・メンテナンスが行き届いている	0・1・2・3
		掃除道具や収容棚はオープン化などの管理がされている	0・1・2・3
	清潔	職場にゴミや汚れがあれば、誰でもすぐに対処している	0・1・2・3
		チェックリストや定期巡回の仕組みがある	0・1・2・3
		色彩管理がされている	0・1・2・3
	躾	誰にでも挨拶やお辞儀ができる	0・1・2・3
		ルールの表示や道具化ができている	0・1・2・3

② 4Mの見える化	Man	人に関する5大ロスを数字で把握している	0・1・2・3
		動作分析をして人の動きのムダをとらえている	0・1・2・3
		一人工の追及を常にしている	0・1・2・3
		多台持ち・多工程持ちになっている	0・1・2・3
		人員管理板などで人を適正配置している	0・1・2・3
		作業者のスキルを把握し、育成計画がある	0・1・2・3
		人に関する5大ロスの改善を行っている	0・1・2・3
		労働生産性のモノサシがある	0・1・2・3
	Machine	設備に関する7大ロスを数字で把握している	0・1・2・3
		事後保全ではなく計画保全ができている	0・1・2・3
		稼働率と可動率を管理している	0・1・2・3
		非(不)稼働時間の中で課題を絞り込んでいる	0・1・2・3
		初期清掃など自主保全を行っている	0・1・2・3
		自主保全管理板などで劣化対策を行っている	0・1・2・3
		給油などのベストポイント化でやりやすくしている	0・1・2・3
		設備のボトルネックを数値で把握している	0・1・2・3
		設備効率を疎外する7大ロスの改善を行っている	0・1・2・3
		設備総合効率などのモノサシがある	0・1・2・3
	Method	標準作業ができている	0・1・2・3
		標準作業が守られているかどうかチェックしている	0・1・2・3
		作業手順書・作業要領書に写真や不具合事項が入っている	0・1・2・3
		仕事の教え方が正しくできている	0・1・2・3
		つくるスピードがはっきりしている	0・1・2・3
		タクトタイムとサイクルタイムの差をとらえている	0・1・2・3
	Material	使用頻度に応じたABC区分ができている	0・1・2・3
		在庫管理費を数値でとらえている	0・1・2・3
		適正在庫量が分かる	0・1・2・3
		在庫管理の発注点が自律的になっている	0・1・2・3
③ QCDSの見える化	Quality	不適合品の識別が現地現物でできている	0・1・2・3
		判定基準が検査規格書などではっきりしている	0・1・2・3
		異常があれば機械が止まる工夫がある	0・1・2・3
		アンドンなどで異常を知らせる仕組みがある	0・1・2・3
		源流で機能横断的な品質改善を行っている	0・1・2・3
		後工程はお客様意識で問題は前工程にフィードバックしている	0・1・2・3
		初品・初物・終物管理のルールがはっきりしている	0・1・2・3
		品質記録をデータ分析し改善を行っている	0・1・2・3
	Cost	原価低減のための狙いどころを把握している	0・1・2・3
		原単位を把握している	0・1・2・3
	Delivery	開発計画が見える化され、進捗が管理されている	0・1・2・3
		DRなどで開発問題が審査されている	0・1・2・3
		生産準備事項が見える化され、進捗が管理されている	0・1・2・3
		仕事の段取りが誰でもできるようになっている	0・1・2・3
		入出荷情報が誰でも分かるようになっている	0・1・2・3

特別編　見える化度が企業のレベルを表す

③ QCDSの 見える化	Safety	ヒヤリハットがよく出ている	0・1・2・3
		通路が確保され仮置きやチョイ置きなどはない	0・1・2・3
		担架、救急箱、保存水など災害時の備品が誰でも分かる	0・1・2・3
		重大事故発生時の報告手順がある	0・1・2・3
		フールプルーフ、フェールセーフの仕組みがある	0・1・2・3
		機械類の使用上の安全性が誰でも分かる	0・1・2・3
		社員の体調を日々チェックしている	0・1・2・3
④情報の見える化		作業者は今日の仕事で何を何個何時までにつくるのか分かる	0・1・2・3
		生産管理板などで計画と実績の差を日々把握している	0・1・2・3
		仕様書・図面など文章の流れができている	0・1・2・3
		工場内に期限の切れた古い書類が掲示されていない	0・1・2・3
		電子媒体情報がすぐに探せる	0・1・2・3
		情報の更新管理ができている	0・1・2・3
		モノと情報の情物一致ができている	0・1・2・3
⑤日常管理の見える化		方針管理が末端まで浸透している	0・1・2・3
		SDCAサイクルが回っている	0・1・2・3
		ルールが守れない要因をとらえて対策している	0・1・2・3
		在庫水準をさげる改善を行っている	0・1・2・3
		INとOUTの管理でルールがはっきりしている	0・1・2・3
		監督者は現場巡回を常時行っている	0・1・2・3
		監督者は3H作業がいつどこにあるか把握している	0・1・2・3
		変化点管理のツールがある	0・1・2・3
⑥方向性・思いの見える化		ありたい姿（めざす姿・ねらう姿）を描いている	0・1・2・3
		職場（チーム）の目的・方針・目標がある	0・1・2・3
		目標は数値で定量化されている	0・1・2・3
		目で見る管理ボードがある	0・1・2・3
		総合掲示板がある	0・1・2・3
		気づきのネタ出しがある	0・1・2・3
		知恵の共有の仕組みがある	0・1・2・3
		管理者は組織能力を高める活動も行っている	0・1・2・3
⑦全体・経営の見える化		生産ラインがショールーム化されている	0・1・2・3
		Welcomeボードがある	0・1・2・3
		モノと情報の流れ図がある	0・1・2・3
		ボトルネックがどこで何をすべきか共有されている	0・1・2・3
		リードタイム短縮の改善を行っている	0・1・2・3
		職場ごとの損益管理ができている	0・1・2・3
		改善の場が日常的に回っている	0・1・2・3
		改善を促進する人が育っている	0・1・2・3
		社員の行動が変化している	0・1・2・3

●評価

分類ごとの評価点の合計を、集計して下さい。

分類	項目数	評価点
① モノの見える化	18	／54
② 4Mの見える化	28	／84
③ QCDSの見える化	22	／66
④ 情報の見える化	7	／21
⑤ 日常管理の見える化	8	／24
⑥ 方向性・思いの見える化	8	／24
⑦ 全体・経営の見える化	9	／27
合計	100	／300

●講評

さて、あなたの得点は、以下のどのレベルでしょうか。

評価点合計	講評
1～100	見える化以前の課題がまだまだ多いと言えます。
101～200	部分的には見える化もできていますが、まだまだ努力が必要ですね。
201～300	見える化がほぼ維持更新され、機能しているようです。

●評価は1回だけで終わらせない

評価は、3～6ヵ月ごとに継続して行い、推移を見て下さい。

回	1	2	3	4
月日	年 月 日	年 月 日	年 月 日	年 月 日
点数				

上記をグラフ化して見える化しましょう。

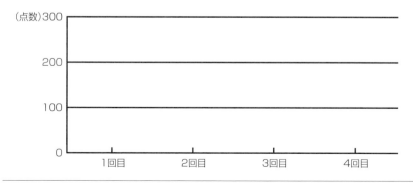

特別編　見える化度が企業のレベルを表す

悪さを見せる

　名古屋で安売りを武器に繁盛しているスーパーマーケットがあります。その店の特徴は、ただ安いというだけではありません。安いには訳があり、その理由を一品一品にデメリット表示として見える化しています。例えば、安いイチゴの陳列棚の下には、「この商品は日照時間が少なかったため甘みがやや足りません。練乳を加えて食べるとおいしくいただけます。」、安いリンゴには、「この商品は先の台風で外側に傷が生じましたが、味は変わりません」というような表示あり、消費者はそれを見て納得して買っていきます。店は、正直に悪さを表（オモテ）に出すことで消費者に安心を売っているのです。

　翻って、経営やモノづくりにおいても昨今隠すということで消費者の不興を買い、経営危機に追い込まれる企業があとを絶ちません。悪さを見せ、正直であれということは、どの商売においても共通することです。

INDEX

索 引

■ 数字・英字

1：10：100のルール ・・・・・・・・・・・・ 126
1：29：300 ・・・・・・・・・・・・・・・・・・ 164
100万分の9 ・・・・・・・・・・・・・・・・・・ 197
3点セット ・・・・・・・・・・・・・・・・・ 99、202
5S・・・・・・・・・・・・・・・・・・・・・・・・ 28
5S診断掲示板 ・・・・・・・・・・・・・・・・・ 45
5Sチェックリスト ・・・・・・・・・・・・・・・ 45
5S展開計画 ・・・・・・・・・・・・・・・・・・ 30
ABC分析 ・・・・・・・・・・・・・・・・・・・ 112
Collectively ・・・・・・・・・・・・・・・・・・ 150
DR ・・・・・・・・・・・・・・・・・・・・・・ 154
Exclusive ・・・・・・・・・・・・・・・・・・・ 150
Exhaustive・・・・・・・・・・・・・・・・・・ 150
IE・・・・・・・・・・・・・・・・・・・・・・・・ 36
Industry Engineering ・・・・・・・・・・・・・ 36
Internet of Things・・・・・・・・・ 22、220
IOT ・・・・・・・・・・・・・・・・・・ 22、220
KMK活動・・・・・・・・・・・・・・・・・・・ 195
Know-Why ・・・・・・・・・・・・・・・・・・ 100
KYT ・・・・・・・・・・・・・・・・・・・・・ 166
Mutually ・・・・・・・・・・・・・・・・・・・ 150
PDCAサイクル ・・・・・・・・・・・・・12、192
PM進行管理板 ・・・・・・・・・・・・・・・・ 87
PR・・・・・・・・・・・・・・・・・・・・・・ 154
QC7つ道具 ・・・・・・・・・・・・・・・・・ 138
QCDS ・・・・・・・・・・・・・・・・・・・・ 56
QC工程表 ・・・・・・・・・・・・・・・・・・ 122
SDCAサイクル ・・・・・・・・96、192、197
TPM ・・・・・・・・・・・・・・・・・・・・・ 86
TWI-JI ・・・・・・・・・・・・・・・・ 104、196

Welcomeボード ・・・・・・・・・・・・・・・・ 220

■ あ行

挨拶する・・・・・・・・・・・・・・・・・・・・ 48
明るい色彩・・・・・・・・・・・・・・・・・・・ 44
当たり前のことを当たり前に行う ・・・・ 194
後工程はお客様・・・・・・・・・・・・・・・ 132
ありたい姿・・・・・・・・・・・・・208、222
ある時点・・・・・・・・・・・・・・・・・・・ 226
あるべき姿・・・・・・・・・・・・・・・・・・ 208
安心賃・・・・・・・・・・・・・・・・・・・・ 226
安全インターロック ・・・・・・・・・・・・・ 171
安全在庫神話・・・・・・・・・・・・・・・・ 226
安全防護策・・・・・・・・・・・・・・・・・・ 170
アンドン ・・・・・・・・・・・・・・・・・・・ 126
維持・統制 ・・・・・・・・・・ 142、144、146
意識 ・・・・・・・・・・・・・・・・・・・・・ 21
維持の管理・・・・・・・・・・・・・・・・・・ 192
異常・・・・・・・・・・・・・・46、111、200
異常があれば機械が止まり ・・・・・・・・・ 126
異常処置手順・・・・・・・・・・・・・・・・ 168
異常の検知・・・・・・・・・・・・・・・・・・ 44
一人工・・・・・・・・・・・・・・・・・・72、73
今 ・・・・・・・・・・・・・・・・・・・・・・ 32
今の仕事・・・・・・・・・・・・・・・・・・・ 32
今の見える化 ・・・・・・・・・・・・・・・・・ 12
今を管理・・・・・・・・・・・・・・・・・・・ 12
演繹法・・・・・・・・・・・・・・・・・・・・ 208
オープン化・・・・・・・・・・・・・・・・・・ 42
大部屋化・・・・・・・・・・・・・・・・・・・ 74
置場・・・・・・・・・・・・・・・・・・・・・ 36

思い出す・・・・・・・・・・・・・・・・・・・・・・ 28

オンタイム監視・・・・・・・・・・・・・・・・・ 12

■ か行

カード化・・・・・・・・・・・・・・・・・・・・ 154

改善管理ボード・・・・・・・・・・・・・・・ 212

改善の管理・・・・・・・・・・・・・・・・・・ 192

改善の場・・・・・・・・・・・・・・・・・・・・・ 30

改善ファシリテーター ・・・・・・・・・・・232

改善ボード・・・・・・・・・・・・・・・・・・・ 211

外注部品引き取りかんばん ・・・・・・・・ 188

開発計画・・・・・・・・・・・・・・・・・・・・ 154

価格戦略・・・・・・・・・・・・・・・・・・・・ 142

学習の前倒し・・・・・・・・・・・・・・・・・ 130

加工時間・・・・・・・・・・・・・・・・・・・・228

過去の管理・・・・・・・・・・・・・・・・・・・ 12

価値観・・・・・・・・・・・・・・・・・・・・・・ 21

カット＆ペースト・・・・・・・・・・・・・・ 184

活用中・・・・・・・・・・・・・・・・・・・・・・ 184

カドウリツ ・・・・・・・・・・・・・・・・・・ 81

稼働率・・・・・・・・・・・・・・・・・・・・・・ 81

仮置き・・・・・・・・・・・・・・・・・・・・・・ 40

環境・結果・・・・・・・・・・・・・・・・・・・ 196

完結して終わる・・・・・・・・・・・・・・・・202

完成品在庫・・・・・・・・・・・・・・・・・・・226

監督者行動基準管理表・・・・・・・・・・・・203

かんばん方式・・・・・・・・・・・・・・・・・ 22

管理・改善の基盤・・・・・・・・・・・・・・・ 22

管理指標・・・・・・・・・・・・・・・・・・・・ 16

企画・・・・・・・・・・・・・・・・・・・・・・・ 142

期間・・・・・・・・・・・・・・・・・・・・・・・226

基準完成時間・・・・・・・・・・・・・・・・・ 110

機能横断・・・・・・・・・・・・・・・・・・・・ 130

帰納法・・・・・・・・・・・・・・・・・・・・・・208

決められたことを決められた通りに守る 48

キャリブレーション ・・・・・・・・・・・・・ 160

給油位置・・・・・・・・・・・・・・・・・・・・ 88

業務活動・・・・・・・・・・・・・・・・・・・・ 12

共有・・・・・・・・・・・・・・・・・・・・・・・ 184

切り取り＆貼り付け ・・・・・・・・・・・・・ 184

記録・・・・・・・・・・・・・・・・・・・・・・・ 133

区画線・・・・・・・・・・・・・・・・・・・・・・ 168

経営トップの工場巡回・・・・・・・・・・・・ 45

計画・・・・・・・・・・・・・・・・・・・・・・・ 12

計画停止時間・・・・・・・・・・・・・・・・・ 80

掲示期限・・・・・・・・・・・・・・・・・・・・ 182

形式知・・・・・・・・・・・・・・・・・・・・・・ 76

結果・・・・・・・・・・・・・・・・・・・・・・・ 12

結果系（アウトプット）のアイテム ・・・・ 56

結果系管理項目・・・・・・・・・・・・・・・・ 16

結果指標・・・・・・・・・・・・・・・・・・・・ 16

原材料在庫・・・・・・・・・・・・・・・・・・・226

検査規格書・・・・・・・・・・・・・・・・・・・ 122

検査成績表・・・・・・・・・・・・・・・・・・・202

現状維持のマネジメント ・・・・・・・・・・ 192

現状打破のマネジメント ・・・・・・・・・・ 192

現状の姿・・・・・・・・・・・・・・・・・・・・208

原単位・・・・・・・・・・・・ 106、108、152

原単位表・・・・・・・・・・・・・・・・・・・・ 152

現地・・・・・・・・・・・・・・・・・・・・・・・ 18

限度見本・・・・・・・・・・・・・・・・・・・・ 122

現認・・・・・・・・・・・・・・・・・・・・・・・ 18

現品・・・・・・・・・・・・・・・・・・・・・・・202

現物・・・・・・・・・・・・・・・・・・・・・・・ 18

源流管理・・・・・・・・・・・・・・・・・・・・ 130

交換・取替え ・・・・・・・・・・・・・・・・・ 88

高効率・・・・・・・・・・・・・・・・・・・・・・226

更新管理・・・・・・・・・・・・・・・・・・・・ 186

構成管理・・・・・・・・・・・・・・・・・・・・ 187

構成表・・・・・・・・・・・・・・・・・・・・・・ 187

巧遅より拙速・・・・・・・・・・・・・・・・・200
工程概要説明ボード・・・・・・・・・・・・・・220
工程間引き取りかんばん・・・・・・・・・・188
工程設計・・・・・・・・・・・・・・・・・・・・142
工程チェックリスト・・・・・・・・・・・・・135
工程内かんばん・・・・・・・・・・・・・・・・188
工程別能力表・・・・・・・・・・・・・・・・90、92
工程変更計画連絡書・・・・・・・・・・・・・134
行動・・・・・・・・・・・・・・・・16、21、196
行動指標・・・・・・・・・・・・・・・・・・・・ 17
個々の能力より全体の効率・・・・・・・・・ 90
個別原価計算・・・・・・・・・・・・・・・・・148
コミュニケーション活性化・・・・・・・・・197

さ行

サイクルタイム・・・・・・・・・・・・・・・・ 68
在庫・・・・・・・・・・・・・・・・・・・・・・228
在庫管理費・・・・・・・・・・・・・・・・・・・115
最小限の負荷・・・・・・・・・・・・・・・・・ 44
最新性の維持・・・・・・・・・・・・・・・・・182
最適作業域・・・・・・・・・・・・・・・・・・ 36
探す・・・・・・・・・・・・・・・・・・・・・・ 28
作業構成比率・・・・・・・・・・・・・・・・・ 60
作業効率・・・・・・・・・・・・・・・・・・・・110
作業者任せ・・・・・・・・・・・・・・・・・・・106
作業順序・・・・・・・・・・・・・・・・・・・・ 70
作業中・・・・・・・・・・・・・・・・・・・・・184
作業中断カード・・・・・・・・・・・・・・・・202
作業手順書・・・・・・・・・・・・・・・・・・・100
作業に人がつく状態・・・・・・・・・・・・・ 76
作業初め・・・・・・・・・・・・・・・・・・・・134
作業標準・・・・・・・・・・・・・・・・・・・・ 98
作業要領書・・・・・・・・・・・・・・・・・・・100
作成中・・・・・・・・・・・・・・・・・・・・・184
差し立て板・・・・・・・・・・・・・・108、178

残置品・・・・・・・・・・・・・・・・・・・・・133
サンプル・・・・・・・・・・・・・・・・・・・・122
仕掛品在庫・・・・・・・・・・・・・・・・・・・226
仕掛けポスト・・・・・・・・・・・・・・・・・178
叱る・・・・・・・・・・・・・・・・・・・・・・ 49
時間観測・・・・・・・・・・・・・・・・・・・・ 59
時間構成・・・・・・・・・・・・・・・・・・・・ 60
時間の目盛・・・・・・・・・・・・・・・・・・ 32
時間稼働率・・・・・・・・・・・・・・・・・・・ 95
色彩管理・・・・・・・・・・・・・・・・・・・・ 46
色彩基準・・・・・・・・・・・・・・・・・・・・ 46
識別管理・・・・・・・・・・・・・・・・・・・・186
支給書・・・・・・・・・・・・・・・・・・・・・189
始業時ミーティング・・・・・・・・・・・・・174
仕組み・・・・・・・・・・・・・・・・・・・・・ 22
次元・・・・・・・・・・・・・・・・・・・・・・150
自主保全・・・・・・・・・・・・・・・・・・・・ 86
自主保全管理板・・・・・・・・・・・・・・・・ 87
事象・・・・・・・・・・・・・・・・・・・・・・197
事象間の抽象水準・・・・・・・・・・・・・・・150
市場調査・・・・・・・・・・・・・・・・・・・・142
システム・・・・・・・・・・・・・・・・・・・・ 22
躾・・・・・・・・・・・・・・・・・・・・・・・ 29
実行タクトタイム・・・・・・・・・・・・・・・110
実際原価・・・・・・・・・・・・・・・・・・・・146
実際原価計算・・・・・・・・・・・・・・・・・148
実績完成時間・・・・・・・・・・・・・・・・・110
自働化・・・・・・・・・・・・・・・・・・・・・124
自動化・・・・・・・・・・・・・・・・・・・・・124
シナジー効果・・・・・・・・・・・・・・・・・214
品物・・・・・・・・・・・・・・・・・・・・・・ 37
ジャスト・イン・タイム・・・・・・・・・ 33
シャットダウンロス・・・・・・・・・・・・・ 80
終業時管理・・・・・・・・・・・・・・・・・・・202
集合的に・・・・・・・・・・・・・・・・・・・・150

修正・・・・・・・・・・・・・・・・・・・・・・・184

終物・・・・・・・・・・・・・・・・・・・・・・・135

出荷管理板・・・・・・・・・・・・・・・・・162

出荷場・・・・・・・・・・・・・・・・・・・・・52

受領書・・・・・・・・・・・・・・・・・・・・189

巡回・・・・・・・・・・・・・・・・・・・・・・・45

使用上の情報・・・・・・・・・・・・・・・170

省人化・・・・・・・・・・・・・・・・・・・・・73

使用頻度・・・・・・・・・・・・・・・・・・・182

情物一致・・・・・・・・・・・・112、188

正味作業・・・・・・・・・・52、58、60

正味作業比率・・・・・・・・・・・・・・・62

ショールーム化・・・・・・・・・・・・220

職場のルールや規律・・・・・・・・・48

初品・・・・・・・・・・・・・・・・・・・・・・134

初品確認ルール・・・・・・・・・・・・134

処分・・・・・・・・・・・・・・・・・・・・・・・32

人員管理板・・・・・・・・・・・・・・・・・76

信号かんばん・・・・・・・・・116、188

信念・価値観・・・・・・・・・・・・・・196

数量・・・・・・・・・・・・・・・・・・・・・・・37

スキル・マップ・・・・・・・・・・・・・77

すぐに使える状態・・・・・・・・・・・40

ストック志向・・・・・・・・・・・・・・・12

ストライクゾーン・・・・・・・・・・・36

スペースの有効活用・・・・・・・・・32

スマート工場・・・・・・・・・・・・・・220

成果・・・・・・・・・・・・・・・・・・・・・・・21

清潔・・・・・・・・・・・・・・・・・・・・・・・29

生産管理板・・・・・・・・・・・・・・・・180

生産計画・・・・・・・・・・・・・・・・・・178

生産準備・・・・・・・・・・・・・・・・・・158

生産準備計画書・・・・・・・・・・・・158

生産性・・・・・・・・・・・・・・・・・・・・・52

生産性向上・・・・・・・・・・・・・・・・・52

生産達成アンドン・・・・・・・・・・108、180

生産手配・・・・・・・・・・・・・・・・・・178

生産統制・・・・・・・・・・・・・・・・・・180

正常・・・・・・・・・・・・・・・111、200

清掃・・・・・・・・・・・・・・・・・・・・・・・29

製造間接費・・・・・・・・・・・・・・・・140

製造直接費・・・・・・・・・・・・・・・・140

清掃当番表・・・・・・・・・・・・・・・・・41

整頓・・・・・・・・・・・・・・・・・・・・・・・29

性能稼働時間・・・・・・・・・・・・・・・95

正否・安全・やりやすい・・・・・・・100

製品設計・・・・・・・・・・・・・・・・・・142

製品別原価計算・・・・・・・・・・・・148

整理・・・・・・・・・・・・・・・・・・・・・・・29

整流化・・・・・・・・・・・・・・・・・・・・226

設備総合効率・・・・・・・・・・・・・・・95

全員参加・・・・・・・・・・・・・・・・・・・30

先行かんばん・・・・・・・・・・・・・・189

総合原価計算・・・・・・・・・・・・・・148

相互に・・・・・・・・・・・・・・・・・・・・150

相乗効果・・・・・・・・・・・・・・・・・・214

層別管理・・・・・・・・・・・・・・・・・・136

組織能力・・・・・・・・・・・・・・・・・・216

その場で改善・・・・・・・・・・・・・・・12

た行

ダイバーシティ・・・・・・・・・・・・・48

滞留・・・・・・・・・・・・・・・・・・・・・228

大量生産・・・・・・・・・・・・・・・・・・226

大ロット注文・・・・・・・・・・・・・・226

タクトタイム・・・・・・68、70、108、110

多工程持ち・・・・・・・・・・・・74、75

多台持ち・・・・・・・・・・・・・・・・・・・74

正しい状態・・・・・・・・・・・・46、50

多能工化・・・・・・・・・・・・・・・・・・・77

多能工訓練計画表 ・・・・・・・・・・・・・・・・・ 77
多様性 ・・・・・・・・・・・・・・・・・・・・・・・・・・・ 48
誰でもできる化 ・・・・・・・・・・・・・・・・・・ 76
段取り替え改善 ・・・・・・・・・・・・・・・・・・ 82
段取り替え時間 ・・・・・・・・・・・・・・・・・・ 84
チョイ置き ・・・・・・・・・・・・・・・・・・・・・・・ 40
調達先情報 ・・・・・・・・・・・・・・・・・・・・・ 162
直当り ・・・・・・・・・・・・・・・・・・・・・・・・・・・ 92
直接測定 ・・・・・・・・・・・・・・・・・・・・・・・・ 64
通路 ・・・・・・・・・・・・・・・・・・・・・・・・・・・ 168
つくる ・・・・・・・・・・・・・・・・・・・・・・・・・・・ 12
つくるスピード ・・・・・・・・・・・・・・・・・・ 106
定位置 ・・・・・・・・・・・・・・・・・・・・・・・・・ 202
低減 ・・・・・・・・・・・・・・・・・・・・・・・・・・・ 142
低コスト ・・・・・・・・・・・・・・・・・・・・・・・・ 226
定時 ・・・・・・・・・・・・・・・・・・・・・・・・・・・ 133
停滞時間 ・・・・・・・・・・・・・・・・・・・・・・・ 228
ディメンジョン ・・・・・・・・・・・・・・・・・・・ 150
定量 ・・・・・・・・・・・・・・・・・・・・・・・・・・・ 133
定量的 ・・・・・・・・・・・・・・・・・・・・・・・・・ 210
出口 ・・・・・・・・・・・・・・・・・・・・・・・・・・・・ 52
デザイン・レビュー ・・・・・・・・・・・・・・ 154
徹底的に ・・・・・・・・・・・・・・・・・・・・・・・ 150
道具化 ・・・・・・・・・・・・・・・・・・・ 52、197
動作経済の原則 ・・・・・・・・・・・・・・・・・ 36
同時並行 ・・・・・・・・・・・・・・・・・・・・・・・ 130
戸惑う ・・・・・・・・・・・・・・・・・・・・・・・・・・ 28
トリガー ・・・・・・・・・・・・・・・・・・・・・・・・・ 18

な行

納得 ・・・・・・・・・・・・・・・・・・・・・・・・・・・ 196
何を、何個、何時までに、つくるか ・・・・ 178
ニコニコ・カレンダー ・・・・・・・・・・・・・ 174
日常化 ・・・・・・・・・・・・・・・・・・・・・・・・・・ 40
日常点検 ・・・・・・・・・・・・・・・・・・・・・・・・ 40

ねらう姿 ・・・・・・・・・・・・・・・・・・・・・・・ 222
納品書 ・・・・・・・・・・・・・・・・・・・・・・・・・ 189
能力 ・・・・・・・・・・・・・・・・・・・・・・・・・・・ 196
能力の平準化 ・・・・・・・・・・・・・・・・・・・ 90

は行

廃棄 ・・・・・・・・・・・・・・・・・・・・・・・・・・・・ 32
排他的に ・・・・・・・・・・・・・・・・・・・・・・・ 150
ハインリッヒの法則 ・・・・・・・・・・・・・・ 164
初めて ・・・・・・・・・・・・・・・・・・・・・・・・・ 204
働き ・・・・・・・・・・・・・・・・・・・・・・・・・・・・ 59
働き方改革 ・・・・・・・・・・・・・・・・・・・・・ 174
ハタラキヤスク ・・・・・・・・・・・・・・ 28、52
発注カード ・・・・・・・・・・・・・・・・・・・・・ 116
初物 ・・・・・・・・・・・・・・・・・・・・・・・・・・・ 134
初物（初品）管理 ・・・・・・・・・・・・・・・ 202
初物手続書 ・・・・・・・・・・・・・・・・・・・・・ 202
離れ小島 ・・・・・・・・・・・・・・・・・・・・・・・ 74
早く正しく楽に安く ・・・・・・・・・・・・・・ 52
バラツキ ・・・・・・・・・・・・・・・・・・・ 52、65
販売価格 ・・・・・・・・・・・・・・・・・・・・・・・ 142
非（不）稼働時間 ・・・・・・・・・・・・・・・・ 82
引き取りかんばん ・・・・・・・・・・・・・・・ 188
久しぶり ・・・・・・・・・・・・・・・・・・・・・・・ 204
非正味作業 ・・・・・・・・・・・・・・・・・ 60、62
必要な時にすぐに作業 ・・・・・・・・・・・・ 40
人 ・・・・・・・・・・・・・・・・・・・・・・・・・・・・ 196
人に関する5大ロス ・・・・・・・・・・・・・・ 58
人に作業がついている状態 ・・・・・・・・・・ 76
避難経路 ・・・・・・・・・・・・・・・・・・・・・・・ 169
避難場所 ・・・・・・・・・・・・・・・・・・・・・・・ 169
日々を見える化 ・・・・・・・・・・・・・・・・・・ 12
費目別原価計算 ・・・・・・・・・・・・・・・・・ 148
ヒヤリ・ハット ・・・・・・・・・・・・・・・・・・ 164
ヒヤリ・ハット・カード ・・・・・・・・・・・ 164

ヒューマンエラーの限界 ・・・・・・・・・・197
表示・・・・・・・・・・・・・・・・・・・・・・・・・ 37
標準化・・・・・・・・・・・・・・・・・・・・・・・ 96
標準原価・・・・・・・・・・・ 142、144、146
標準原価計算・・・・・・・・・・・・・・・148
標準作業・・・・・・・・・・・・・・・・・・・・ 98
標準作業3票・・・・・・・・・・・・・・・・ 99
標準作業3要素・・・・・・・・・・・・・・ 70
標準作業組合せ票・・・・・・・・・・・ 68
標準作業票・・・・・・・・・・・・・・・・・・ 70
標準手持ち・・・・・・・・・・・・・・・・・・ 70
標準見本・・・・・・・・・・・・・・・・・・・122
品質・・・・・・・・・・・・・・・・・・・・・・・・ 52
品質向上・・・・・・・・・・・・・・・・・・・ 52
頻度・・・・・・・・・・・・・・・・・・・・・・・・ 88
ファイリング ・・・・・・・・・・・・・・・・・183
ファシリテーション ・・・・・・・・・・・・232
不安全な行動・・・・・・・・・・・・・・・164
不安全な状態・・・・・・・・・・・・・・・164
プールかんばん ・・・・・・・・・・・・・189
フェーズ・エキジット・レビュー・・・・154
付加価値時間とリードタイムの比率 ・・225
服装・・・・・・・・・・・・・・・・・・・・・・・168
部門別原価計算・・・・・・・・・・・・・148
不要品が見えない ・・・・・・・・・・・ 34
不要品を撤去 ・・・・・・・・・・・・・・・ 32
ブレーンストーミング ・・・・・・・・・・・ 62
フロー志向・・・・・・・・・・・・・・・・・・ 12
平準化・・・・・・・・・・・・・・・・・・・・・ 73
ベキドウリツ ・・・・・・・・・・・・・・・・・ 81
可動率・・・・・・・・・・・・・・・・ 81、82
ベストポイント化 ・・・・・・・・・・・・・ 88
変化点・・・・・・・・・・・・・・・・・・・・・204
変化点管理・・・・・・・・・・・・・193、204
変化点管理板・・・・・・・・・・・・・・・205

変更・・・・・・・・・・・・・・・・・・・・・・・204
変更管理・・・・・・・・・・・・・・・・・・・193
報告ルート・・・・・・・・・・・・・・・・・168
方策展開・・・・・・・・・・・・・・・・・・・192
方針・・・・・・・・・・・・・・・・・・・・・・・210
方針展開・・・・・・・・・・・・・・・・・・・192
ポカヨケ・・・・・・・・・・・・・・・・・・・・171
保管・・・・・・・・・・・・・・・・・・ 32、184
保護具・・・・・・・・・・・・・・・・・・・・・168
細くて速い流れ ・・・・・・・・・・・・・・226
保存・・・・・・・・・・・・・・・・・・・・・・・184
本質的安全設計方策・・・・・・・・・・・・170

ま行

間違う・・・・・・・・・・・・・・・・・・・・・ 28
マネジメント課題 ・・・・・・・・・・・・・ 22
マネジメント基盤 ・・・・・・・・・・・・・ 22
迷わない・・・・・・・・・・・・・・・・・・・ 46
見える化・・・・・・・・・・・・・・・・50、51
見せる化・・・・・・・・・・44、195、196
見積原価・・・・・・・・・・・・・・・・・・・146
ミドリ十字・・・・・・・・・・・・・・・・・・167
めざす姿・・・・・・・・・・・・・・・・・・・222
目で見る管理ボード・・・・・・・・211、212
メンテナンス・・・・・・・・・・・・・・・・・ 40
目的・・・・・・・・・・・・・・・・・・・・・・・210
目標・・・・・・・・・・・・・・・・・・・・・・・210
目標原価・・・・・・・・・・・・・・・・・・・142
目標展開・・・・・・・・・・・・・・・・・・・192
モデルライン・・・・・・・・・・・・・・・・ 52
戻す工夫・・・・・・・・・・・・・・・・・・・ 37
基にした・・・・・・・・・・・・・・・・・・・ 12
モノと情報の流れ図 ・・・・・・・・・・・・222
モノのインターネット ・・・・・・・ 22、220
モノの取扱い・・・・・・・・・・・・・・・168

漏れ／ダブり・・・・・・・・・・・・・・・・・・・・ 150

■ や行

山崩し・・・・・・・・・・・・・・・・・・・・・・ 72
山積表・・・・・・・・・・・・・・・・・・・・ 72、82
油種・・・・・・・・・・・・・・・・・・・・・・・ 88
要因系（インプット）のアイテム ・・・・・ 56
要因系管理項目・・・・・・・・・・・・・・・・・ 16
予防保全・・・・・・・・・・・・・・・・・・・・・ 86

■ ら行

ラインストップを恐れずに ・・・・・・・・ 126
楽に・早く・安全に・仕損じのない ・・ 100
楽に・早く・安全に・仕損じのなく ・・・ 96
利益＝売価－原価・・・・・・・・・・・・・・・ 141

力量評価・・・・・・・・・・・・・・・・・・・・・ 77
量・・・・・・・・・・・・・・・・・・・・・・・・ 37
良品率・・・・・・・・・・・・・・・・・・・・・・ 95
臨時かんばん・・・・・・・・・・・・・・・・・ 189
ルールを決める・・・・・・・・・・・・・・・・ 194
礼・お辞儀・・・・・・・・・・・・・・・・・・・ 48
連絡網・・・・・・・・・・・・・・・・・・・・・ 169
労働安全・・・・・・・・・・・・・・・・・・・・ 164
労働生産性・・・・・・・・・・・・・・・・・・・ 78
ロケーションマップ ・・・・・・・・・・・・・ 112
ロジック・ツリー ・・・・・・・・・・・・・・ 150
ロックアウト・キー管理 ・・・・・・・・・・ 171

■ わ行

ワーク・ライフ・バランス ・・・・・・・・ 174

おわりに

　過去「トヨタ方式」「5S」「見える化」「工場管理」「製造マネジメント」「人づくり」という6冊を出版して頂き、そのうち2017年には「トヨタ方式」、2019年には「5S」の改訂版、また今回「見える化」もその機会を頂戴いたしました。これもひとえに、ご愛読頂いております読者の方々のお陰であり、心より厚く感謝いたします。

　末筆ながら、執筆にあたりご支援、ご協力頂きましたコンサルソーシング（株）の諸氏、並びに（株）秀和システム編集部の皆さまにも、この場を借りて改めて御礼申し上げます。

2020年2月

石川 秀人

memo

著者紹介

石川 秀人（いしかわ ひでと）

コンサルソーシング株式会社　エグゼクティブ・コンサルタント

　1959年愛知県生まれ。一部上場大手メーカー勤務後、一般社団法人日本能率協会、一般社団法人中部産業連盟、Deloitteトーマツコンサルティング株式会社にて、経営コンサルティング・企業内研修等に従事。教育・コンサルティング業界でTPS（トヨタ生産方式）ベースの人づくりを中心に実践活動を行う。2005年にトヨタグループOBらと現コンサルティング・ファームを設立し、生産現場改善、ホワイトカラーの業務改善、5S、見える化、海外法人におけるKAIZEN指導とローカルスタッフの育成などの経営コンサルティング、企業内研修、セミナー諸活動を行う。

● 諸団体主催の公開セミナー登壇実績

一般社団法人日本能率協会、一般社団法人日本経営協会、みずほ総合研究所㈱、三菱UFJリサーチ＆コンサルティング㈱、りそな総合研究所㈱、㈱OKB総研、愛知県経営者協会、四国生産性本部、中小企業大学校、名古屋商工会議所、日本貿易振興機構（ジェトロ）、独立行政法人国際協力機構（JICA）、一般財団法人海外産業人材育成協会（AOTS）、韓国JMAC㈱（日本能率協会コンサルティング）、Deloitte Kassim Chan（Malaysia）など

● 著書

『最新トヨタ方式の基本と実践がよ〜くわかる本』秀和システム、2007年12月
『最新5Sの基本と実践がよ〜くわかる本』秀和システム、2008年10月
『製造現場の見える化の基本と実践がよ〜くわかる本』秀和システム、2009年10月
『工場管理の改善手法がよ〜くわかる本』秀和システム、2010年2月、共著
『製造マネジメントの見える化の基本と実践がよ〜くわかる本』秀和システム、2011年5月
『生産現場の人づくりがよ〜くわかる本』秀和システム、2011年11月
『営業の見える化99のしかけ』日本能率協会マネジメントセンター、2010年8月、共著
『最新トヨタ生産方式の基本と実践がよ〜くわかる本』秀和システム、2017年6月、共著
『最新5Sの基本と実践がよ〜くわかる本　第2版』秀和システム、2019年7月
中国語繁体字『最新トヨタ方式の基本と実践がよ〜くわかる本』中衛発展中心、2009年11月
韓国語『最新トヨタ方式の基本と実践がよ〜くわかる本』G-MIC R&C、2010年

● 連絡先

コンサルソーシング株式会社　名古屋市中区正木四丁目6番6号（〒460-0024）
Tel.052-747-5772
https://www.consultsourcing.jp
info@consultsourcing.jp

図解入門ビジネス

製造現場の 見える化の基本と実践が
よ～くわかる本［第2版］

| 発行日 | 2020年　2月22日 | 第1版第1刷 |
| 発行日 | 2022年　4月10日 | 第1版第2刷 |

著　者　　石川　秀人

発行者　　斉藤　和邦
発行所　　株式会社　秀和システム
　　　　　〒135-0016
　　　　　東京都江東区東陽2-4-2　新宮ビル2F
　　　　　Tel 03-6264-3105（販売）Fax 03-6264-3094
印刷所　三松堂印刷株式会社　　　　　Printed in Japan

ISBN978-4-7980-5868-9 C2034